语文课外活动丰收记

沐宁滕题

沐绍良 著

西苑出版社
XIYUAN PUBLISHING HOUSE
·北京·

图书在版编目（CIP）数据

语文课外活动丰收记 / 沐绍良著. -- 北京 : 西苑出版社, 2023.9
ISBN 978-7-5151-0890-2

Ⅰ. ①语… Ⅱ. ①沐… Ⅲ. ①语文课－中小学－教学参考资料 Ⅳ. ①G634.303

中国国家版本馆CIP数据核字(2023)第073157号

语文课外活动丰收记

YUWEN KEWAI HUODONG FENGSHOU JI

策划编辑　赵　晖 樊　颖
责任编辑　樊　颖
装帧设计　黄　尧
责任印制　陈爱华
出版发行　西苑出版社 XIYUAN PUBLISHING HOUSE
地　　址　北京市朝阳区和平街11区37号楼　邮政编码：100013
电　　话　010-88636419
印　　刷　三河市嘉科万达彩色印刷有限公司
开　　本　880mm×1230mm 1/32
字　　数　160千字
印　　张　10
版　　次　2023年9月第1版
印　　次　2023年9月第1次印刷
书　　号　ISBN 978-7-5151-0890-2
定　　价　60.00元

写在前面

怎样提高中小学语文教学的质量，让青少年们能够把汉语语文尽快地掌握起来，正确地运用起来，既能读，又能写，成为他们得心应手的求知和表情达意的工具呢？

过去不少人主张应该多读、多看、多写。据他们说，要学好汉语语文，除了这条“三多”的路，再也没有别的路了。

后来又有人主张应该教些语法。据他们说，如果知道了什么叫词，什么叫句，什么叫段，什么叫篇，懂了各种语法方面的术语，并且运用它们去进行分析，就能很快学会语文。

近来又有好些人认为，教语法徒然让青少年们增加负担，并无实效。因此他们反对教语法，提倡精讲多练。

究竟是哪种主张正确呢？

我想，要回答这个问题，首先要明确我们的汉语语文，究竟有没有所谓“定法”。从前不少人认为“文无定法”，全仗学的人“神而明之”。因此这种人坚决主张读书必须下死功夫熟读，说“读书破万卷，下笔如有神”。其实所谓三“多”，所谓精讲多练，差不多也都含有这个意思。精讲多练的“精讲”，是指老师讲他自己在多读基础上的体会，不是讲授语法。

精讲多练确是好事，但也得看看精讲“精”到什么程度，最好是对一下下面的口径：

首先，现在的青少年们学习语文的时间，远非“五四”时代以前的人们那么充裕了。不少学习时间不得不让位给数学、动物、植物、历史、地理、物理、化学、音乐、体操、工艺、美术等了。在那么有限的时间里，我们的精讲多练，效果难免受一定程度的限制。因此，所谓“精”的程度，一方面必须能适应青少年们的客观需要，另一方面还得适应他们的接受能力。

其次，“五四”以前的人们，因为有充分的时间学习，所以不妨长时期在暗中摸索，等待有一天能达到“神而明之”的程度。现在青少年们学习的时间那么少，就不允许他们再走前人的道路了。

因之，对于精讲多练，我以为应该在“精讲”之中，加入讲些汉语语文的基本规律，使青少年们尽早了解和掌握这些基本规律，省得他们再从长期摸索中去寻找。

我们汉语语文是有“定法”的。所谓“定法”，就正是这些规律。

这些定法并不跟外国语文完全相同。如果照外国语文的文法来教汉语语法，那就会驴唇不对马嘴。例如汉语语文中，“大会堂”的“大”，就是“大开发”的“大”，如照外国语文的语法，说前一个“大”是形容词，后一个“大”是副词，就会使青少年们听了，莫名其妙。这就无怪过去教学语法，得不到什么效果了。

汉语语法的规律，必须从汉语语文的本身中去找。

青少年们首先应该掌握的，是这些规律中的一部分基本规律。要掌握这几种基本规律，并不需要学很多的术语。但学到了这些基本规律，等于学到了语法的基本功，益处是很大的。因为千百年来古人长期摸索的对象，也正是这些东西啊！

基本规律是语法的核心。语法存在的价值，就在于它能说明基本规律。

语法的教学与精讲多练，并不是对立的，也并不矛盾。二者是相互促进的。认为有了精讲多练就不能同时再讲语法，那是错的。有些人以为讲语法就少不了要讲许多术语，增加了青少年们学习的负担，殊不知讲语法完全可以少讲术语，使青少年们在这一方面尽量减少负担。

但一般人对语法抱着一种怀疑、歧视、冷淡的态度，主要还在于没有认识语法的特点（能够说明语文的规律）。如果一旦认识了它的特点，我看就没有一个人会不给予重视的。

这本小书，就是根据这样的理由试写出来的。如果写得不好，希望大家指教，同时也希望大家谅解，因为这件事的本身，毕竟还是一种探索。

沐绍良

1964 年 10 月 3 日

目录

一　动听的民歌

——记陈老师的谈话

两年前的秋天，刚开学不久，我在一本旧的语文课本上学到一首歌唱秋季大丰收的民歌，其中末尾两段，念起来特别动听。直到今天，我还常常想起它、背诵它、欣赏它，这两段民歌是：

稻穗弯弯像金钩，
个个金钩映日头；
举目一片黄金海啊，
我们社里又丰收！

唱起山歌没尽头，

好比江河水长流；
永远跟着共产党走啊，
往后年年都丰收！

昨天早晨，我在打扫院子的时候，又想起了那两段民歌来了，于是，一面扫地，一面随口朗诵起来。朗诵了一会儿，忽然想起了一个问题：为什么这两段民歌念起来那么动听呢？想来想去，想不出来它的道理。当时，恰好哥哥的同学赵明来了，我就拉住他，要他帮助我解决这个问题。赵明搔搔头皮，想了半天，才回答说："大概是因为这两段歌词意义太美了吧！"我细细体味他的话，觉得有些道理；但是又觉得他说得笼笼统统，不够清楚。因此我赶紧把院子打扫好，匆匆吃了早饭，背起了书包，跑到学校里去找陈老师。

初春的早晨，马路上弥漫着浓重的白雾。一队运粪的骡马大车在雾中迸发着"噼""啪"的鞭声，从我们的校门口经过。

我进了学校的大门，在校园里找到了满头汗珠、正在整理校园环境的陈老师，开口就问：

"陈老师，两年前，我在语文课本里念过的两段民歌，为什么每次背诵起来，总是那么动听呢？”

陈老师放下正在松土的锄头，笑嘻嘻地瞅了我一眼，耸了一下浓黑的眉毛，说：“是哪两段民歌啊？你把它念一遍给我听听。”

等我念完了，陈老师亲切地拉住我的手，一同坐在篱笆门旁边的石阶上，耐心地说：

我想这两段民歌那么动听，有三个原因。首先，前后两段，说明歌唱者（农民）从他们的生活中已经深深地体会到一个真理，那就是只要永远跟党走，不但去年、今年能丰收，而且往后也一定能年年丰收。为什么呢？因为生活经验告诉他，他们连年丰收的原因，是全靠党的英明领导。只要跟着党走，哪怕碰到了自然灾害，他们也一定能战胜困难，获得丰收。我记得还有两首民歌，也反映了农民们对于这个真理的认识。一首是：

有了共产党，
岁岁庆丰年；
要想更富裕，
靠党不靠天！

还有一首是：

月亮跟着地球走，
地球跟着太阳走；
山河跟着我们走，
我们永远跟党走！

农民们这样坚决地表示，我想是很自然的，也是势所必然的，也就是说，你所念的那两段民歌，是唱得入情入理的。正是因为入情入理，所以非常动人，让听到的人也不由不点头，发出会心的微笑。这是它动听的第一个原因。

其次，前一段歌词描写丰收的景象，是非常具体生动，而且全面的。你看开头的两句，说的是已经成熟的稻穗，弯弯下垂，好像金钩的样子。为什么说稻穗是“弯弯”的呢？因为稻穗上的谷粒长得又肥又大，重量就增加了；重量增加就会下垂，下垂了，才显出弯弯的形状。那么，为什么不像别的，像金钩呢？因为说的是在阳光照耀下的、又长又弯的金黄色的稻穗嘛。至于那第三句，已经是从个别的稻穗说到大片成熟、一望无际的稻子了。那一望无际的、沉甸甸的稻子，在秋风中摆动起伏，岂不像金色的海浪一样？因此“举目一片黄金海啊”这一句，不但说出了稻田的全面景象，而且说得十分具体生动。又因为开头三句已经全面说明了稻田的景象，所以第四句赞叹说：“我们社里又丰收！”这里应该特别注意到那个“又”字，说是“又丰收”，那么丰收当然已不止这一次了。从这句话里，我们应该想到那个歌唱的农民，他心里是多么欢乐啊。他既然那么欢乐，从他心里唱出来的歌，当然也充满了欢乐。听的人呢，听到这样欢乐的歌，也当然要受到强烈的感染。这是动听的第二个原因。

最后，我们还应该从这两段民歌的语言上去了解它动听的原因。原来歌要唱得动听，不但必须让别人听得懂，而且还必须唱得悦耳。汉语的语言非常丰富多彩，其中有许多词的声音是很悦耳的。例如这两段民歌里的“稻穗弯弯像金钩”“个个金钩映日头”，其中的“弯弯”和“个个”，听起来就很动人。后一段中“往后年年都丰收”的“年年”，也是这样。这些词为什么听起来这样动人呢？这是因为语言的声音重叠之故（关于这一点，我们将来再好好研究）。你如果不信，可以试把前两句稍稍改变一下，念成“稻穗弯得像金钩”“每个金钩映日头”，听起来觉得怎样？其实，这两句话的意思仍旧和原来的两句相同，但是因为失去了发音重叠的美，听起来就不像原来的两句那么动人了。

照着陈老师的指示，我反复念了好几遍“稻穗弯得像金钩”和“每个金钩映日头”，又仔细地比较了原来的两句，果然觉得陈老师的话确有道理，忍不住轻轻地拉了一下陈老师的手说：“陈老师，我体会‘弯弯’两个音重叠，不但说明了‘弯’，而且连‘弯’的形状也生动地描绘出来了！”

陈老师连连点头说：

是呀！我们应该知道，“弯”只是一般的说法，“弯弯”是另一种说法，两种说法各有不同的作用；什么时候该用什么说法来表达，就得靠我们自己好好掌握，灵活运用。在这个民歌里，就应该用“弯弯”。你看我们中国的语文，多么丰富多彩啊。

说到这里，陈老师更显得兴奋了，他的脸也更红润了。只见他把滑到前额的长发往后一掠，又接下去说：

“弯弯”“个个”“年年”都因为发音重叠，叫作叠音词。

我们祖国的语文通过几千年来的长期发展变化，这样的叠音词已经积累了很多，这是我们祖先遗留下来的非常宝贵的财富，是我们祖国语文的特色之一。今天我们学习语文，应该把这些叠音词随时搜集起来，好好学习。如果我们能这样做，今后也一定能像那位出色的农民歌手那样，在语文学习方面获得很大的丰收！

陈老师的话越来越引起我学习语文的兴趣，我想到我们平时常说的“爸爸”“妈妈”“哥哥”“弟弟”“姐姐”“妹妹”等，也正好都是叠音词，因此觉得这种叠音词特别亲切。我就问陈老师：“我想把以前念过的语文课本全面整理一下，看看到底已经学了多少叠音词，好吗？”

“好啊！”陈老师认真地说，“不但以前念过的课本里有许多叠音词，而且在《中国少年报》上，在别的课外读物上，也有许多叠音词。你可以准备一些狭长的纸片，随时把这些叠音词摘录在纸片上，好好积累起来。”

陈老师一面说，一面从怀里掏出日记本来，撕下一张纸片，枕在膝头上，写个样子给我看：

词	意义	用例
弯弯	弯曲下垂的样子	稻穗弯弯像金钩

写完了，又接着说：

“这样长期的搜集，一定会越积越多，这对我们语文的学习，实在有很大的好处。而且积累得多了，将来还是研究这种词汇的宝贵资料呢。”

这时我抬起头来，故意用了叠音词说：

“谢谢陈老师，教给我许许多多学习语文的知识，我一定听您的话，把那些叠音词好好搜集起来！”

爸爸的话

孩子，民歌的确很动听，特别是今天我们所听到、见到的新民歌，内容丰富多彩，洋溢着劳动人民豪迈的热情，听了使人十分感动。

民歌是指劳动人民的文艺创作，在很早的古代已经就有了。但是旧时代的民歌，内容大多是人民对反动统治的反抗，或者是对痛苦生活的倾诉，那些创作民歌的人，也从来不被重视。自从中国共产党领导人民推翻了反动统治，大家翻身做了主人以后，情况就大大不同了。许许多多天才的歌手，唱出了他们发自内心的欢乐。这些歌在情调上、气概上，完全跟旧时代的民歌不同。

有一首是歌唱引水上山的，唱道：

一人唱歌歌声小，
一人车水水不多；
千万水车辘辘转，
车来长江与黄河；
满山秧苗笑呵呵！

有一首是歌唱建设水利工程的，唱道：

满山红旗满山火，
满山欢乐满山歌；
满山镢锹满山人，
满山人赶龙上坡！

最近几年，新的歌手越来越多，不但年轻人，连老年人也歌唱起来了；不但是我们汉族人民，还有许多少数民族的兄弟姐妹，更是发挥了能歌善舞的特长，到处都在热情歌唱。上面这几首民歌，不过是千万首创作中的个别例子；你看多么动听，多么感人！我这里有册《红旗歌谣》，你拿去好好欣赏、学习吧。

你的爸爸

课后作业

欣赏下面的民歌，摘出其中最好的句子：

① 武山的大米兰州的瓜，疼不过老子爱不过妈，亲不过咱们共产党，好不过人民当了家！

② 牡丹花开像绣球，石榴花开结子稠；向日葵朝着太阳转，人民跟着共产党走。高山上松柏扎根深，叶叶儿四季常青青；共产党一心为人民，日子越过越称心。

③ 小斑鸠，咕咕咕，我家来了个好姑姑。同我吃的一锅饭，跟我住的一个屋。白天下地搞生产，回家扫地又喂猪。有空教我学文化，还帮妈妈做衣服。妈妈问她苦不苦？她说不苦不苦很幸福。要问她是哪一个？她是上级派来的好干部。

二　形形色色的叠音词

——记语文课外活动的第一次大丰收

陈老师教我们六年级（2）班的语文，他年岁并不大，不过二十多岁光景。因为他很年轻，像我们的大哥哥，所以我们全班同学都爱跟他亲近。有时候，他也爱装出大人的样子，叫我们“好孩子”什么的，其实他是说着玩的。他是一个共青团员，又是我们的班主任和少先队的辅导员，负责的事情可多着呐，可是我们去找他，他总是笑嘻嘻的。

陈老师跟我谈话后的第二天，我向我们第三小组的组长李红谈起了这件事。李红听了，低头想了一想，马上做出决定说：“这倒是件新鲜事呐，我看应该发动全组同学，大家都来做。”她接着就去找陈老师请示，陈老师果然同意了，并且叫李红负责主持这件事。

我们的组长李红，性格直爽，办事能干，在全班里是有名的。得到了陈老师的指示之后，她在当天下午自学课后，就召开了小组会，动员大家自愿参加调查研究叠音词的工作；结果我们六个组员都愿报名参加。接着就分配了工作：由我搜集以前语文课本里的叠音词，由杨华搜集《时刻准备着》这本书里的叠音词，由黄立和张平搜集《中国少年报》里的叠音词，由周小龙搜集我们本学期的语文课本里的叠音词，李红全面协调大家的工作。

过了三天，我把语文课本里的叠音词全部摘录出来了，听说杨华也已经从《时刻准备着》的书里，摘录出了全部的叠音词，我就带了一大堆纸片，跑到杨华的家里去。

啊，真像陈老师说得那样，各式各样的叠音词，数量真不少！回想过去老师教我们的时候，因为我不够用心，居然没有注意到会有这许多叠音词；这一次用心搜集起来，没想到竟获得了意外的丰收。除去重复的不计，足有一百多条。其中有“爸爸”“妈妈”等称人的叠音词，也有“看看”“想想”等说明行动的叠音词。有许多是重叠，例如“弯弯”“长长”；有许多是三音的词，里面有两个音重叠，例如“干巴巴”“滑溜溜”。还有许多是四个音的词，两两重叠，例如“辛辛苦苦”“急急忙忙”。有些叠音词，末尾带个“的”字；有些叠音词，末尾带个“地”字；有些干脆什么都不带。真是形形色色，丰富多彩！再一看杨华搜集到的，数量也挺多。我就跟他一起商量，决定先把这两部分叠音词合并在一起，进行整理。

但是，把两部分纸片合并在一起是容易的，把合并在一起的纸片进行整理，却并不是一件容易的事。杨华和我，因为谁也没做过这样的工作，顿时都被难住了。当时杨华的大姐姐正好坐在大方桌的一旁，见我们这副窘相，就笑了一笑，叫我们两人一左一右站在她的身边，让我们跟她学习整理的方法。只见她先把全部纸片大体翻阅了一会儿，对我们说：

“纸片确是不少，上面写的都是叠音词。有双音的，有三音的，也有四音的。因此可以按音的多少分类整理，这是一种方法。另外还有一种方法，是按照它们的用法来分类整理。我考虑为了熟悉它们的用法，不如采用后一种方法，再适当照顾音多少的不同。”

杨华也同意这样搞。说实在话，这一次的整理工作，如果没有杨华的大姐姐指导和帮助，光靠杨华和我两个人是完成不了的。一则因为材料实在很多，二则杨华和我还是初次搞这样的工作，根本无从入手。通过这次工作，我们学会了不少东西！最终，把全部纸片整理成下列三大类。

第一类（称呼人和物的叠音词）：

爸爸　妈妈　伯伯　叔叔　爷爷　奶奶

哥哥　弟弟　姐姐　妹妹　猩猩　星星

第二类（说明行动的叠音词）：

擦擦（脸）　伸伸（腰）　补补（课）　点点（头）

谢谢（你）　握握（手）　尝尝（滋味）　皱皱（眉头）

第三类（形容各种事物性质状态等的叠音词）。这一类叠音词数量最多，根据它们的构造和用途，又可分为下列五小类。

1. 形容事物的性质状态的：

小小（年级）　个个（金钩）

（以上叠音在前）

（稻穗）弯弯　（赤日）炎炎

（以上叠音在后）

深深的（海）　红红的（脸）

长长的（队伍）　熊熊的（烈火）

（以上末尾带“的”字）

2.形容动作行为的情况或程度的：

好好（学习）　年年（丰收）　天天（行军）

人人（称赞）　哈哈（大笑）

（以上叠音词在前）

（红旗）飘飘　（杨柳）依依　（马达）隆隆

（银光）闪闪　算盘（答答）

（以上叠音词在后）

暗暗地（笑）　默默地（想）　悄悄地（走）

偷偷地（跑）

（以上叠音在前，末尾带“地”字）

（锁得）好好的　（闭得）紧紧的

（以上叠音在后，末尾带“的”字）

3.“一”字带头的三音词，末尾两音重叠。这类叠音词有形容事物的，也有形容动作行为的：

一筐筐（土）　一堆堆（粪）　一道道（裂痕）
一阵阵（香味）

（以上叠音的后面不接“的”字）

一串串的（电灯）　一座座的（宫殿）
一条条的（金线）

（以上叠音的后面接“的”字）

4.不是“一”字带头的三音词，末了两音重叠。有形容事物的，也有形容动作行为的：

雄赳赳　气昂昂　（机器）轰隆隆
（心里）热乎乎　（浑身）湿漉漉

（以上末尾不带字）

滑溜溜的（路）　软绵绵的（床）　干巴巴的（嘴）
绿油油的（菜）　亮晶晶的（露珠）
亮堂堂的（大红宫灯）

（以上末尾带“的”字）

笑嘻嘻地（说） 滴溜溜地（转）

孤零零地（躺着） 气喘喘地（回答）

（以上末尾带“地”字）

5. 双音重叠的四音词。大多数形容动作行为，但也有形容事物的：

老老实实（告诉了他） 匆匆忙忙（奔出去）

叮叮当当（敲了一阵）

（以上叠音在前）

（吓得）迷迷糊糊 （看得）清清楚楚

（打扫得）干干净净

（以上叠音在后）

浩浩荡荡的（队伍） 三三两两的（游客）

四四方方的（匣子）

（以上叠音在前，末尾带“的”字）

摇摇摆摆地（走来） 蹦蹦跳跳地（去了）

淅淅沥沥地（下着雨） 痛痛快快地（哭了一场）

（以上叠音在前，末尾带“地”字）

经过这样的整理，我们果然发现各类叠音词各有不同的构造和用途。

第一类，大都是对人的各种称呼。称呼用叠音，是表示尊敬、客气或者亲热。事物的名称也有用叠音的，但不多。

第二类，都是说明动作行为的。用叠音来说明动作行为，有三种意义：一种表示动作行为的时间并不太长。例如“看看”，就是说“看一看”；“想想”，等于说“想一想”。另一种表示命令或请求。例如：“火老是不旺。小敏，你去看看是怎么回事？”这里面的“看看”就有命令的意思；又因为是命令或请求，也就说明那些动作行为还没有实行；还有一种表示强调。例如我们平时常说的“谢谢”，也就是“谢”的意思，把它重叠起来说，无非强调说明罢了。

第三类形容各种事物或动作行为的性质、状态、程度等。数量最多，形式变化也最多，分别说明如下：

例如在“长长的队伍”中，“长长的”形容“队伍”的性质。在“熊熊的烈火”中，“熊熊的”形容“烈火”的状态。“稻穗弯弯”中，“弯弯”形容“稻穗”的状态。“赤日炎炎”中，“炎炎”是形容“赤日”的性质。这些叠音词都形容事物，能够把事物的形状、性质说得很具体、很生动。

在使用这些叠音词时，一般在叠音的后面常带一个“的”，但也有不带的。

另有一种是形容各种动作行为的姿态、情况、程度的，例如“红旗飘飘”的“飘飘”，是形容红旗迎风招展的姿态；“杨柳依依”的“依依”，是形容杨柳随风披拂的姿态；“马达隆隆”的“隆隆”，是形容马达发出声音的情况；“算盘答答”的“答答”，是形容计算者拨动算珠而发出的声音情况；“好好学习”的“好好”，是形容学习的态度要认真，达到“好好”的程度；“人人称赞”的“人人”，是形容被人称赞不只是个别的人，而是达到“人人”的程度。这些叠音词都形容动作行为，具体说明动作行为的姿态、情况或程度，使我们获得亲切的感受。

在使用时，一般在这类叠音词的后面常接一个“地”字，例如“暗暗地笑”“默默地想”等。有时也可以不接，例如“好好学习”，就等于说“好好地学习”。但是像“年年”“天天”“人人”等，后面都不接“地”，这是应该特别注意的。

还有，这类叠音词如果用在被形容的词后面，原来该接的“地”字就该改为“的”字。例如：

锁得好好地 （应该说）锁得好好的

关得紧紧地　（应该说）关得紧紧的

现在再说三音词。在三音词里，有许多“一”字带头的叠音词。像“一串串的电灯”，本来应该说“一串又一串的电灯”；“一座座的宫殿”，本来应该说“一座又一座的宫殿”；“一阵阵的香味”也是那样，原来是说“一阵又一阵的香味”。这些从“一串又一串”直到“一阵又一阵”，都表示多而连续不断的意思；现在用“一串串”“一阵阵”等的叠音词来说明，不但具体生动，而且也比说“一串又一串”“一阵又一阵”简洁明白，这又说明我们汉语语文，不仅在数量上丰富多彩，而且在质量上也是十分精练的。

三音的叠音词里面还有许多构造精巧的词。这些词用开头的一个音说明意义，紧接着又用两个叠音来描述那个意义。例如“软绵绵”，其中的“软”是说柔软的性质，“绵绵”就是描述“软”的具体情况；又如“笑嘻嘻”，其中的“笑”是说脸上有笑容，“嘻嘻”就是描述笑容。这样说，当然比单说“软”或“笑”具体生动得多了。同样，“滑溜溜的路”，把“滑”的感觉用“溜溜”表达出来了；“干巴巴的嘴”，把“干”的感觉用“巴巴”表达出来了；至于“绿油油的菜”，更是把“绿”的性质十分具体生动地用“油油”说明了绿得滋润而有光泽。值得注意的是，同样的“笑”，除了“笑嘻嘻”，还有“笑哈哈”，“嘻嘻”的笑不像“哈哈”的笑那样放纵，这里面是有着程度上的区别的。

这一类叠音词构造，同“一”字带头的大体相似，都是三个音。但后一种不受“一”字带头的这个公式的限制，更显得活泼和多样化。

最后一种是双音重叠的四音词。这些四音词，其实是从一部分双音词发展变化出来的。例如“辛辛苦苦”是从“辛苦”变化出来的，“急急忙忙”是从“急忙”变化出来的。这样的例子很多。试看下面：

隐约→隐隐约约　整齐→整整齐齐

老实→老老实实　快活→快快活活

经过这样一变化，使用起来就比原来双音词的意义更强，能使人获得更深刻的感受。

我们把整理好的材料交给小组长李红，李红把我们的材料跟黄立、周小龙和她自己的材料合并在一起，重加整理，然后送给陈老师。陈老师仔细看了我们的材料，把我们参加这个工作的同学全都叫了去，大大地称赞了一番。只见他张开了两只胳膊，几乎想把我们每个人都拥抱起来的样子，激动地说：

“很好，同学们，你们搞得很不错！这是一次大丰收，一次语文课外活动的大丰收！等我有空的时候，再把你们的材料细看一遍，在你们的教室里张贴出来，让全班同学都能看到你们努力的成绩，让大家都向你们小组学习吧！”

听了陈老师的称赞，黄立暗地里向我伸了一下舌头。张平的脸红了，他是很容易害臊的。

课后作业

用下列叠音词造句：

讲讲	望望	拍拍	补补
红红的	短短的	淡淡的	大大的
轻轻地	慢慢地	紧紧地	恨恨地
一股股	一片片	油光光的	黑洞洞的
密密麻麻	迷迷糊糊	轰轰烈烈	浩浩荡荡

三　冷落了一位随身的老师

——记一件使我十分丢脸的事

这学期，我跟张平分在了同桌。以前，我跟张平不是很接近的；自从坐在一起以后，我们就亲热起来了。张平的个子瘦小，有一双可爱的大眼睛；平时爱想问题，不太爱说话。我以前只知道他做算术做得最快，不知道他还有什么优点；现在才知道，他的语文水平也比我高得多，真是出乎我的意料！今后，有这样好的一位同学经常坐在我身边，能够随时得到他的帮助，实在是我很大的幸运！

昨天下午自修课，我在教室里写日记。当时有一个字的写法记不起来，苦苦地想了好久，还是想不出。我只得向张平试探地问一下：

“你可知道，‘分娩’的‘娩’，是怎样写的？”

“‘分晚(wǎn)’？你说的是什么呀？”张平茫然地说。

“妈妈生孩子，不是叫‘分娩’吗？”我说。

张平这时才恍然大悟，笑着埋怨我：

“哦，原来你是说‘分娩(miǎn)’！‘分娩’怎么可以念‘分晚(wǎn)’呢？”

我被他这么一问，心里发慌起来：“怎么，难道这个字不念‘晚’么？不，我昨天在医院里，还听到有人打电话，也是这样念的。”

被我这样一说，张平也惶惑起来了，马上，他从课桌里拿出他的《新华字典》，很快地查到了那个“娩”字，看了一下，又把字典凑到我的面前来说：“你看。”

我一看字典，果然在“娩”字的旁边，分明注着 miǎn 的读音。这时我只好搔头皮了：“啊呀，我怎么一直把它念错了？”

这时，我又意外地发现，张平的《新华字典》已经用得很旧了，封皮衬里的硬纸板，已经露出了黄色的边缘。记得去年陈老师把字典分发给我们的时候，每人都是同样新的一本；但是到了今天，他手里的一本已经用得那么旧了，像用了好几年似的。而我的一本呢？啊，真丢脸，我的一本却在家里长期睡着大觉，还始终是崭新的一本呐！

查字典的好处，去年陈老师早已再三说过了，可是我始终不爱使用它。别说平时阅读书报，从来不用字典，就是预习语文课本上的生字和新词时，也懒得用它查一查读音和解释。我记得刚领到《新华字典》的时候，倒还是总把它放在书包里的；后来因为书包里多了它，便高高地鼓起来一块，很不美观，我就把它从书包里“驱逐出境”，搁在家里的藤书架上了。从此以后，我就没有好好翻过它一次。想起去年端午节前，陈老师一面揩着额上的汗，一面不厌其烦地教我们怎样查字典时的情景，实在觉得太对不起他，也太对不起那本字典了。

“你经常查这本字典吧？”我心里十分惭愧地问张平。

张平微笑着点点头，把字典放进课桌的书包里，轻轻地说：“它是我一位随身的老师，有问必答。这样好的老师，干嘛不常常向他请教呢？我们要学好语文，就得认真学好每个单字。《新华字典》给我的帮助实在太大了。”

“怪不得你的字典已经用得那么旧了！”我叹了一口气。

这时，坐在我前面一排的周小龙也回过头来插口说：“我听我的姐姐说过，字典越旧，越说明用字典的人语文在不断进步。可惜我的字典也还是那么新。”

周小龙的话言简意赅，给我的教育也太大了！

放学回家，我重新从藤书架上找出那本《新华字典》来，仔细地看了一会儿。我看到每一页排列着一个个的单字，每个单字的旁边都标注着读音和明白详细的解释，有些字还有插图。这里面的单字，我能够念出来的没有几个，大多数是陌生的；还有一部分单字似乎认识，可是实际上却念不出字音；至于它们的意义，就更说不上了。

像“清洁”的“清”字，应该是属于早已认识的了，可是我只认识它是“清洁”的“清”，只知道它的意义就是“干净”。但是在《新华字典》上，它却有五种意义：一是清洁，例如“清水”；二是明白，例如“分清（敌我）”；三是一点儿也不剩，例如“清除（封建残余）”；四是指旧时代比较公正廉明的官，例如“清官”；五是我国历史上朝代的名称，就是“清朝”。这就说明我所知道的，只有它全部意义的五分之一。我这位随身的老师，的确有很广博的学问，尽够我请教的了。可是我一直冷落了他，委屈了他。

再仔细地看，我又看到“清”字的第一个解释里，还印着一个外围加圈的“引”字。在“引”字的第二条里，又有一个外围加圈的“连”字。今天回忆起来，去年陈老师讲过，这两个加圈的字都是符号。这两个符号代表什么意思呢？现在时间隔得一久，虽然当时陈老师是反复说过的，可现在却实在想不起来了。幸亏我的爸爸已经改完了最后一册作文本，我可以问爸爸了。

爸爸听了我提出的问题，点了一支纸烟，吸了一口说：“在解答你提出的问题以前，我想你应该先弄明白：我国的汉字是一种怎样的文字，它跟我们所说的现代汉语的关系，是怎样的？”

我说：“陈老师说过，文字是语言的代表。我们的文字（汉字）就是代表我们语言（汉语）的。”

“不错，文字代表语言，我们的汉字就代表汉语。”爸爸接着说：

可是你要知道，我们的汉字已有几千年的历史，今天用它来代表现代的汉语，已经发生了一些问题了。

例如，本来一个汉字，只代表一个意义。但是到了后世，文化越发达，新的事物产生越多，只用一个汉字代表一种事物的办法就行不通了。例如到了汉代的时候，从西域输入了葡萄。葡萄这东西，在当时就是一种新事物，还没有代表它的文字，而要用文字代表它，一个音的文字（单音字）又不够，必须用两个音（两个汉字）凑起来才行。发展到了今天，我们仔细检查一下，就会发现构成现代汉语的基本单位，已经不是个别的汉字，而是由一个以上的汉字组成的词了。个别的汉字，只能认为代表汉语的每个音（音节）了。像“葡萄”这个词，就是由两个音组成的，必须把这两个音连起来说，才能代表“葡萄”，才算是一个词，才算有了成为我们汉语基本单位的资格。

以上说的，还只是汉字不少的问题之一。既然汉字现在仍被使用，我们就应该好好地掌握它，正确地使用它。有些人常把它们念错写错，满不在乎，那都是不应该的。把“分娩”念作“分晚”，固然不对；把“分娩”写成“分娩”，也不应该。因为这些错误，都会引起语文方面的混乱，造成不必要的损失。

“分娩”的“娩”，为什么会被你念成“晚”呢？那大概是因为你误把它当作“晚”字了，也可能因为你在最初学习这个字的时候，没有好好地查字典，没有辨别这两个字形不同的地方。你的脑袋也没有很好地想一想，“分娩”是跟女人有关的事情，因此“娩”字的左旁是个“女”字，不是“日”字，如果说是“晚”字，难道女人生孩子都在“晚”上吗？实际上，有许多孩子都是白天出生的。

为什么“娩”又不能写成“娩”？因为这个字的右旁，本来是个“免”字。“娩”字念 miǎn，就根据这个“免”字。

如果我们把它写成“娩”，那么，这个字就得念“兔”的字音了。可是你若这样念，谁也听不懂你在说什么。

我国文字的构造是有着一定的规律的。这些规律，今天我们虽不必再花很多的时间和精力去全部研究，但是知道一些大致情况，还是有必要的。因为知道了以后，可以避免不少念错写错的可能。

原来大多数的汉字是由两个部分构成的：一部分表示它所代表的有关事物，另一部分标明它的发音，这就是古人造字六法中最常用的一种方法“形声”，例如“分娩”的“娩”，左旁的“女”字代表那是跟女人有关的事，右旁的“免”就标明它的发音。“女”旁的字，除了“娩”字，还有不少。例如：嫁、娘、妹、妈、姨、姑、她、妇……

再说除了“女”旁的字，还有“木”旁的字，“土”旁的字，“米”旁的字，“金”旁的字，“火”旁的字，“车”旁的字，等等。“木”旁的字，大都跟树木有关，例如桃、柳、椽、椿；“土”旁的字，大都跟泥土有关，例如垃、圾、壤；“米”旁的字，大都跟稻米有关，例如糕、糠、糟、粮；“金”旁的字，大都跟金属有关，例如铜、铁、锁、锤；“火”旁的字，大都跟火有关，例如灶、炉、烤、烧；“车”旁的字，大都跟车辆有关，例如轮、轨、辙、转。

有些字的偏旁，是一些符号。例如“忄”代表“心”，“扌”代表“手”，“刂”代表“刀”，“氵”代表“水”，“疒”代表“病”，“艹”代表“草”，等等。试看它们的例子：

心旁　忖、忆、恨、憎、怯、悟、慌、惧、怕……

手旁　挖、拉、推、搞、挤、捞、抹、拭、扶……

刀旁　剃、刻、剔、刈、刨、刺、割、剁、削……

水旁　游、波、洒、流、海、淳、淋、淹、深……

病旁　疔、疖、痛、疸、痧、疮、痢、瘤、瘟……

草旁　葱、菱、菜、花、茎、荚、苗、茴、茅……

这些符号，我们都必须记住。不然，我们在认字的时候，就常会碰到它们而莫名其妙。有些人因为不懂“艹”的意义，常把“篮子”写成“蓝子”，把“篱笆”写成“蓠芭”，正是这个缘故。

至于你刚才所问的两个符号，在这本字典开端的《凡例》中，都有说明。但是你却那么粗心，只知不懂就问，却不知好好地去看一下《凡例》。我这一年来因为工作忙了些，好久没有检查你的功课了；因此你也似乎懒起来了。看样子，这一年来你大有“不进则退”的样子，这可不是好现象啊！

我的脸红了，红得连耳根也发热了。

“引”字加个圈，是表示从本字的原来意义引申出来的新意义。例如“清”，本来的意义是“清洁”；以后又从这个意义引申出另外两种新的意义：第一，表示单纯，不夹杂别种成分，例如“清唱”。第二，表示安静，例如“清夜”。再说“连”字加个圈，那是又一种不同的符号了。它表示根据同样的意义跟别的汉字构成了复合词，例如“清净”就是一个复合词。

除了这两种符号，这本字典里可能还有一些别的符号，你只要去看《凡例》，那上面都有说明。

照我的看法，你的问题是在学习的态度上。你虽然有学会汉语语文的愿望，可是又怕多花自己的力气，不愿耐心地去学。因为这样，你平时有了困难，就想依靠别人，让别人来帮你解决。你有一本很好的《新华字典》，可是我看你从来就不愿用它，有不懂的字，只是随便问人，以为这样解决你的困难比自己查字典省力。可是我应该警告你，这样的学习态度是不对的！你要想学会学好语文，必须端正态度，听老师的话，不偷懒，多用双手查字典，多用脑筋想问题，不要动不动就依赖别人。

啊，多难为情啊。从今以后，我一定要听爸爸的话，端正学习态度，认真学习语文和别的功课了，也决不再冷落我这位随身的好老师了！

课后作业

回答下列问题：

1. 查字典有些什么好处？不查字典，问别人，岂不一样？

2. 字跟词有什么区别？又有什么关系？

3. 指出下列汉字一部分构造的意义。

(1)“热”字的下半部分

(2)“暖”字的左半部分

(3)“孤”字的左半部分

(4)“膀”字的左半部分

(5)“信”字的左半部分

四　念念、想想、试试、用用

——记陈老师在一次语文课上的谈话

星期三上午的语文课上，陈老师对我们全班同学，兴奋地做了下面的谈话：

“同学们，告诉你们一个好消息，你们班里的李红小组全体同学，最近在课外搜集了三百多条叠音词，并且初步进行了整理和研究，认识了它们的构造和作用，成绩是很大的。可以说，他们在这一次课外活动中获得了一次意外的大丰收！（全班热烈鼓掌）

“但是，李红小组的全体同学要注意，你们不能因此自满，不要以为你们已经认识了这些叠音词，就自以为了不起。你们今天所认识的，在汉语语文的宝库中，还只是很小的一部分。就拿叠音词这个范围以内的词来说，也还不能说已经完全掌握了。因此，对于已有的成绩，应该肯定，但是也不能夸大，不能因此骄傲自满。照我的看法，这次成绩说明你们的干劲是大的，在学习汉语语文方面，也被你们找到了一个新的方向；可是真正的成就，还得从今后不断的努力中去争取。

“对于汉语语文，我们不但要很好地认识和了解，而且应该进一步掌握它，正确地运用它。语文是我们学习各种知识的基本工具，也是我们表达自己的思想感情的重要工具，我们一定要充分掌握它。在我们的上一代中，有很多只认识一些中国文字但却不能很好运用它的人。他们无论说话或写作，往往词不达意，缺乏条理，结果弄得话也不敢多说，文章也不敢多写。我们就不能像他们那样，而应该立志做一个精通汉语语文，又能善于运用汉语语文的人。因此，我们平时在书报上学到的每一个词，应该随时在说话和写作中反复练习运用，应该随时随地念念、想想、试试、用用。尤其是应该大胆地试，大胆地用，不要怕用错。如果用错了，那也不要紧，只要找出错误的原因，下决心防止以后再错就是了。这样，我们的语文水平就能不断提高，写作能力就能不断增强，直至完全掌握汉语语文。

“可是，我最近检查了一次你们的作文本，竟很少发现有人能大胆试用新学到的词。好像对于那些新词，谁都有些怕似的。大家写来写去，老是那几个早就用惯了的旧词。可是，因为已学会的旧词数量是有限的，结果就大大地妨碍了你们的表情和达意。这种情况很不好，你们必须努力突破这个难关。这难关是怎样造成的呢？我看是因为你们的胆子太小之故。在新词的面前，你们变成了胆小鬼了。大家想一想，做一个胆小鬼，那是多么可耻的事情！今后，我们必须鼓足干劲，大胆练习使用它们，一定要让它们为我们很好地服务！

“当然啰，说是要大胆运用，并不是说可以乱用。说是要不怕犯错误，也并不等于鼓励大家犯错误。我们不论学哪门功课，都应该抱一种踏实和细致的态度；对于每一个新学到的词，在练习使用它们之前，也应该踏踏实实地了解它的含义，细细致致地揣摩它的用法。这一次，李红小组的同学们在整理叠音词的时候，不是就发现了有些词是形容事物的，有些词是形容动作行为的吗？不是还发现有许多形容事物的词，后面都带个‘的’；还有许多形容动作行为的词，后面都带个‘地’吗？不是还发现那些带‘地’的词，如果放在说明动作行为的词后面，原来的‘地’

又会变成‘的’吗？像这些发现，都是非常重要的规律。这些重要的规律，如果没有踏实细致的学习态度，是不可能发现的。在发现了这些规律之后，如果我们又能很好地掌握它们，运用它们，我们就会不犯错误或少犯错误了。

“现在，再补充谈谈关于叠音词的情况，供你们学习时参考。”

叠音词在汉语语文的宝库中，的确是一项很出色的工具。它们的特点是种类多、变化多、作用大。靠了它们，汉语语文就显得特别具体生动，并且富有音乐美，对语气和意义的强调有充分的表现力。其中包括各种事物名称的词，叫作“名词”和“代名词”；说明各种事物的动作行为的词，叫作“动词”；说明各种事物的性质、状态、程度等的词，叫作“形容词”。例如“爸爸”“妈妈”，就是名词；“看看”“想想”，就是动词；“长长”“弯弯”，就是形容词。

名词、动词和形容词，是汉语语文词类中的三大重要部分。没有了这三种词类，简直很难说话，也很难写作。单音一经重叠，就变成了双音的叠音词。名词的叠音比较少，我们姑且不说。现在从动词说起。

“看”“说”“听”“写”等，都是单音的动词。把这些动词的音重叠一下，就变成“看看”“说说”“听听”“写写”，是叠音动词了。这是最基本的重叠。除了这种重叠，另外还有一种重叠，就是在重叠的两个音中间再插入一个“一”或“了”或“不”，变成“看一看”“看了看”或“看不看”，这是又一种重叠。此外，更有一种重叠，就是在“看看”等词的中间，分别插入两个适当的音，例如插入“了”和“又”，变成“看了又看”，插入“来”和“去”，变成“看来看去”，等等。

重叠和不重叠，意义和用法是不同的。“看”是一种意义，一种用法。“看看”是另一种意义，另一种用法。不同的重叠，意义和用法也不同。举例来说：

看　　（例）我们到天安门去看毛主席。

看看　　（例）应该看看别人，想想自己。

看一看　　（例）明天上天安门，去看一看人民英雄纪念碑。

看了看　　（例）他看了看周围的敌人，轻蔑地哼了一声。

看不看　　（例）你近来看不看电影？

（例）这样的书看不看都可以。

看了又看　（例）他把那两篇文章看了又看，比了又比。

看来看去　（例）我看来看去，觉得还是这个玩具最有意思。

双音动词也可以重叠，重叠了也跟单音动词的重叠一样，表示试一试的意思。例如：

劳动劳动　（例）大家都捉鱼去了，你也去劳动劳动。

练习练习　（例）你先自己练习练习，不懂再来问我。

在形容词方面，音的重叠常有强调语气的作用。例如“好”可以重叠起来说“好好”，如说“好好一个机会错过了”。“长”可以重叠起来说“长长”，如说“他挥动着长长的鞭子”。这一类形容词，重叠时中间常可以插一个“又”，例如“长又长”“香又香”。这在民歌中常能碰到，如“万里长城长又长”“八月桂花香又香”。

从“看”到“看看”，从“好”到“好好”，都已经发展成双音词了。现在再说三音词的重叠情况。

在这一方面，最值得注意的是它们的构造：第一个音不重叠，末了两个音重叠。不重叠的第一个音，一般都是说明事物性质的；接着重叠的两个音，进一步具体生动地说明那个性质的情况。例如：

亮晶晶（“亮”说明事物的性质，“晶晶”说明亮的情况）

滑溜溜（“滑”说明事物的性质，“溜溜”说明滑的情况）

应该说，这是一种比较完整的构造，也是比普通单音形容词更高一级的构造。因为如果单说“亮”，只能使人知道光亮的“亮”，至于怎样“亮”法，还没有说明白；只有跟“晶晶”结合起来，才具体生动地说明了这“亮”是怎样的“亮”，原来是“亮晶晶”的“亮”，是断断续续的、闪闪烁烁的“亮”，像天上的星星，荷叶上的露珠那样的“亮”，不是“亮堂堂”的“亮”。

我们说“滑”，也有两种不同的说法。“滑溜溜”是一种，“滑腻腻”又是一种。这两种“滑”的区别，也都是在叠音的部分上面。说“滑溜溜”，就不能使人引起“滑腻腻”的感觉；说“滑腻腻”，也不会使人引起“滑溜溜”的感觉。因为这两种“滑”的情况，已经被它们后面的两种叠音截然不同地区别开来了。因此这两个叠音词，也各有不同的作用、不同的用法。例如“滑溜溜的冰”“滑腻腻的痰”。

至于四音重叠的词，那是又高一级了。李红小组已经从许多例子中发现了它们重叠的规律是：甲乙→甲甲乙乙。这是一个很重要的发现。因为实际上，大多数四音重叠的词都是按照这个规律构成的。例如：

勤恳→勤勤恳恳　扎实→扎扎实实

整齐→整整齐齐　细致→细细致致

这样的重叠，使我们很容易觉得，这是一种强调的说法。因为“勤勤恳恳”的语气显然比单说“勤恳”强，“扎扎实实”的语气也是显然比单说“扎实”强。四音重叠既然能引起这样的感觉，于是在必要的时候，大家就这样办，来达到强调语气的目的。

除此而外，还有一种重叠也能强调语气，你们还没有发现，那就是甲乙→甲乙甲乙。例如：

雪白→雪白雪白　（例）雪白雪白的墙壁

血红→血红血红　（例）血红血红的太阳

很早→很早很早　（例）很早很早的时候

老远→老远老远　（例）老远老远的地方

末了，再谈一下叠音词的历史吧。叠音词是自古以来就有的。我国最早的一部古书《诗经》中，里面的诗句就有许多是用叠音词构成的。例如其中第一首诗的第一句“关关雎鸠”的“关关”，就是叠音词。清代有个名叫王筠的人，特地把《诗经》中的叠音词搜集起来，写了一本《毛诗重言》，“重言”就是指叠音词。可见在数千年以前，我们的祖先早已知道用叠音词了。以后历代著作，用叠音词的地方就更多。有一首古诗，开头就是：“青青河畔草，郁郁园中柳；盈盈楼上女，皎皎当窗牖。娥娥红粉妆，纤纤出素手。”每句都用一个叠音词。

因此直到现在，诗歌中在描写景物、发抒感情的时候，也常用叠音词。例如：

层层树，
重重山，
层层绿树重重雾，
重重高山云断路。

听了陈老师的谈话，我们组里第二天就召开碰头会，展开了“反对怕用新词的胆小鬼”的活动。全组同学个个下了决心，要求自己第一步先把本学期课本上学到的新词，在说话和写话时练习运用起来，通过念念、想想、试试、用用的方法，使它们逐渐变成我们得心应手的工具。李红又建议以后每星期开一次语文小组漫谈会，在会上大家约定用新词练习说话，说错了，别人可以提意见改正。又约定每星期至少用新词写作一次，写好了互相传阅、观摩，提意见。大家一致鼓掌，表示赞同。

听说，陈广文小组、石敏华小组和周秀英小组也接着搞起来了。

爸爸的话

孩子，要牢牢记住陈老师的话，把每一个学到的新词，通过念念、想想、试试、用用，使它们变成自己的得心应手的工具。应该明白，你现在能够使用的词，数量是极其有限的；这些有限的词，决不够应付你今后各方面学习和生活的需要。必须大量吸收和学会运用新词，才能满足今后不断增长的需要。

照我的想法，“念念”是要求能正确念出它们的声音；“想想”是要求能正确领会它们的含义；“试试”是要求能正确地学会它们的用法；“用用”是要求能经常正确地使用它们。

不少人在这件事情上产生了畏惧心理，变成了胆小鬼，这样的人是学不好汉语语文的。我们祖国的语文，它乐于为大胆学习的人服务，而且会服务得非常使人称心；但它不愿为胆小鬼效劳。

你的爸爸

读后作业

1. 比较和说明下列的叠音词有什么不同，并利用它们来造句：

黑压压　黑沉沉　冷冰冰　冷飕飕

2. 用下列叠音词造句：

滚圆滚圆　火热火热

结结实实　鬼鬼祟祟

五　词开花

——记爸爸的一次谈话

今天是星期日，李红小组下午在学校里举行了一次座谈会，会上，大家都练习运用课文中学到的新词发言，结果，大家都能正确使用；其中李红、黄立和张平三位，使用新词的次数特别多，而且一次也没有用错，引起大家一致的称赞。会后，大家都说今天的会开得很好，希望以后能经常举行。

开完座谈会，我邀请黄立到我家去温习语文。黄立住在我家隔壁，他长得又矮又胖，学习很用心，可是有一个怪脾气，就是不爱理发，因此他的头发老是留得长长的。

在温习当中，我们发现课文的新词里有两个名词，三个动词，两个形容词，还有一个很古怪的“麦克风”，我们觉得“麦克风”并不是东风、西风那样的风，为什么也叫作“风”呢？这里面一定有问题。

我们去问爸爸，还要求爸爸谈谈关于名词的情况。爸爸一面叫我们在他的旁边坐下来，给我们每人两粒水果糖，一面听他谈话。下面就是他所谈的内容。

名词是说明各种事物名称的词。世界上各种各样的事物多极了，因此，说明它们的名称的名词，也多极了。“风”是一个名词，“东风”也是一个名词；“麦克风”呢，也是一个名词。但是“麦克风”，这个名词不是我们汉语中固有的，它是从外国语翻译过来的，是一种外来语。在汉语中，像这样的外来语有很多。现在我们先从汉语的固有名词说起。

在说明各种事物的名词中，最早产生的大都是一个音的单音词。这种单音名词，可能产生在远古的时候。例如：

人　头　脑　胸　车　马　天　风　雨

后来因为生产发达了，文化发展了，只用数量有限的单音名词，就不够说明日益繁多的新生事物了，于是又产生了两个音的双音词。这种情况，我国在几千年以前已经开始了。例如：

螟蛉　蜉蝣　蟋蟀　芍药　鸳鸯　木瓜

双音词因为两种音可以交互结合了，引起各种变化，结果就随着文化的发达，越造越多了，大大地超过了单音词的数量。

这以后，又有了三音以上的名词。例如：

蔺相如　诸葛亮　苦肉计　梁山泊
总路线　共产党　少年宫　颐和园
社会主义　共产主义　人造卫星
少年先锋队　共产主义青年团

各种名词，就是这样从单音到多音，逐步发展起来的。动词和形容词也是这样。

但是发展到现在，数量最多的，仍要算双音名词，这是什么缘故呢？

原来多音词虽然有了多音词的长处，同时却也有它的短处。长处是发音变化多，容易跟别的词区别开来；短处是音越多，说起来和写起来越费事，学起来也越麻烦，因此三音以上的多音词反而比较少见。

因为这样，另外一种情况也接着产生了。那就是名词从单音向多音发展的同时，一方面为了说话和写话的方便，又有特意减少音的简化名词出现。例如“中华人民共和国”，平时就简称“中国”；“苏维埃社会主义共和国联盟”，平时就简称“苏联”。同样的例子还有：

中国少年先锋队　简称“中国少先队”

中国共产主义青年团　简称“中国共青团”

中国共产党中央委员会　简称“中共中央”

名词的音从少到多地发展，目的是为了说话明确。但有时候为了说话方便，又非把名词简化不可。甚至双音名词也得简化为单音名词。例如“尊师爱徒”的“师”，平时就叫“师傅”；“徒”平时叫“徒弟”。说“师傅”和“徒弟”，目的就在于跟别的“师”（如“巫师”）和别的“徒”（如“门徒”）区别开来。可是当我们在说“尊重师傅，热爱徒弟”

时，又为了要求能说得精练，有必要把“师傅”和“徒弟”简化成“师”和“徒”，“尊师爱徒”就是这样变化来的。

这种情况，不仅限于人物方面的名词，一件事情或一个运动的名词，有时也常常简化，例如“土地改革”简称“土改”。

中国的语文就是为了要达到又明确、又精练的目的，一面在由简到繁、一面又在由繁到简地发展变化着。但是由繁到简后的“简”，已经不是原来的简了，已经有了比原来的简更充实、更丰富的内容了。

单音名词，数量虽不及双音名词多，可是它们有一个特点。这个特点是它们大都是构成各种多音名词的基本材料。正像以前扫盲时采用“字开花”的教法一样，那些用单音词构成各种多音词的情况，正好是“词开花”。例如“水”这个单音名词，就能开出各种各样“水”的花来，如生水、开水、药水、墨水、泉水、井水、河水、江水、海水、湖水、雨水、雾水、自来水、蒸馏水，等等。

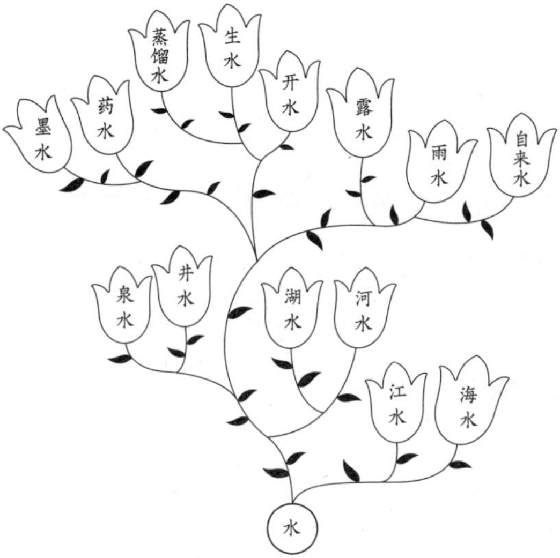

"水"是这样,别的许多单音名词像"火""油""花""树"等,也都是这样:

火　灯火、炭火、炉火、篝火、文火、烈火、怒火……

油　豆油、菜油、麻油、酱油、牛油、猪油、花生油……

花　桃花、杏花、李花、梅花、菊花、棉花、雪花……

树　松树、柏树、槐树、榆树、桑树、柳树、梧桐树……

各种植物开花,一般都是向上开的。可是也有少数植物开的花是向下垂的。以前我在中山公园唐花坞里看到一种荷包牡丹，就会开一种下垂式的花。那些粉红色的荷包形的花，悬挂排列在花梗上，实在很美。单音名词也能向下开花，这时候作为基本材料的单音名词，地位是在多音名词的前面，不是在多音名词的后面。如果仍以“水”为例，它还能这样向下开花：水手、水牛、水渍、水平、水灾、水雷、水枪、水管、水壶、水瓢、水桶、水车、水库、水泵、水果、水仙、水泥、水晶、水银、水产、水蒸气、水彩画，等等。

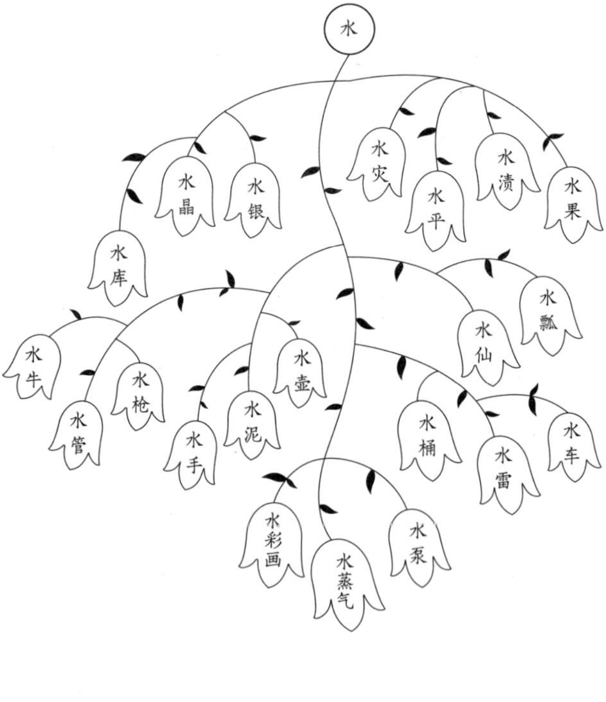

同样，“火”“油”“花”“树”等带头的、下垂式开花的多音词，数量也很多：

火　火柴、火车、火星、火焰、火光、火把、火箭炮……

油　油灯、油布、油田、油饼、油纸、油画、油漆……

花　花粉、花鼓、花环、花样、花纹、花瓣、花布……

树　树林、树枝、树叶、树根、树胶、树梢、树荫……

差不多每个单音名词（除了极少数的例外），都能开出各种不同的花朵，不过有的开得多些，有的开得少些罢了。其中像“电”“车”“机”等单音名词，由于现代科学技术的发达，开出来的花更显得日新月异、丰富多彩。你们有空的时候，不妨留心搜集一下。

单音名词能开花，双音名词能不能呢？应该说，双音名词也能开花。例如“主义”这个双音名词，就有唯物主义、唯心主义、社会主义、共产主义、个人主义、集体主义、国际主义、资本主义、帝国主义、主观主义、官僚主义，等等。不过会这样开花的双音词，数量很少。

词开花，是中国语文发展的普遍规律之一。许许多多的词都是按照这个规律创造出来的。懂得了这条规律，对祖国语文的掌握很有帮助。不但名词如此，动词、形容词也是这样。

近些年来，我们国家在党的领导下，各方面都在飞速发展，许多新生的事物不断出现。就整个世界来说，随着科学技术的不断发展，人类社会一天比一天繁荣壮大，新生事物就出现得更多。这样一来，我们中国语文也大量增加了新的名词。例如新中国成立前，全国没有一个现代化的水库（不算性能单一、只能蓄水的水坝），现在全国各地新建成的大大小小的水库日渐增多，于是“水库”的新名词就产生出来，流行起来了。我想，如果有人专门搜集新生事物的名词，恐怕可以专门编成一本《新名词词典》了。

至于那个“麦克风”，也确实是一个名词。不过这个名词不是我们汉语所固有的，是从外国语翻译过来的。外来语中，有的照意义翻译，例如“原子能”“塑料”等；有的照声音翻译，例如“雷达”“咖啡”等，“麦克风”也是其中之一；另外还有一种是一部分译音，一部分译意，例如“卡车”“啤酒”等。“麦克风”这个外来语，其中的“风”，是“声音”的意思，并不是指我们通常所说的“风”。实际上，“麦克风”指的就是学校开大会时主席台上所用的话筒，“麦克风”译自英文 Microphone，属于单纯的音译名词啦。

听了爸爸的话，黄立拉拉我的衣角，轻轻地说：

“啊呀，怪不得词会开花，原来我们汉语的绝大多数双音词，每个音都含有一定的意义！我以前学习这些双音词，只知道一个一个地囫囵吞下，从不去想为什么它一定要用这两个音来表示，而不用别的音。今天我才知道，快乐’的‘快’，‘愉快’的‘快’，‘痛快’的‘快’，为什么要说‘快’，原来都有一定的道理呀！”

这时，我也想到了这一点，对他点头微笑道：

“对，对。咱们以后学习双音词，就会触类旁通了。就照你说的‘快’来说，它还有‘快马’‘快车’‘快艇’‘快板’等一群呢。但它们是不同的又一群。像你刚才列举的一群，其中的‘快’都表示心里舒畅的意思，现在我说的‘快车’‘快板’等的‘快’，都表示速度很快的意思。可见，‘快’这个音就含有两种不同的意思，这是我们应该注意的。”

读后作业

试就下列各单音词写出它们的“词开花”(要向上开花，也要向下开花)：

笔　纸　刀　桥　矿　电　车　机

六　初步认识了名词的构造

——记语文课外活动的第二次大丰收

第二天晚上，黄立和我在他的家里整理以前语文课本里学过的名词。我们把那些名词逐个抄在纸片上，再照上次杨华的大姐姐教给我们的方法，把全部抄下来的名词根据音的多少，分成单音名词、双音名词、三音以上的名词三大群。以后又除去单音名词，把双音以上的名词细分为第一音相同和末一音相同两类，研究它们的构造。结果，我们又获得了意外的发现和丰收。

在第一音相同的多音名词方面，我们发现了不少各种多音名词中共有的音。这种共有的音在集合多数名词的时候，是很容易被发现的。

我们从“大地”“大军”“大衣”“大车”“大豆”“大家”“大

陆”“大后天”等名词中，发现“大”是它们共有的音。“大”可以表示形状大，例如“大地”“大衣”“大陆”；也可以表示数量多，例如“大家”“大军”；也可以表示时间距离长，例如“大后天”。

我们从“小鬼”“小米”“小麦”“小孩儿”“小辫儿”“小朋友”等名词中发现“小”是它们共有的音。这个“小”可以表示年龄小，例如“小鬼”“小朋友”也可以表示形状小，例如“小米”“小辫儿”。

我们从“老人”“老师”“老爷”“老乡”“老头儿”“老太婆”“老百姓”等名词中发现“老”是它们共有的音。这个“老”可以表示年龄大，例如“老人”“老太婆”；也可以表示尊敬，例如“老师”；也可以表示亲热，例如“老乡”“老百姓”。后面两种用法跟年龄没有关系，像我们的陈老师，就是很年轻的。

我们从“野草”“野花”“野兽”“野猪”“野兔”“野心”等名词中发现“野”是它们共有的音。这个“野”可以表示是野生的，例如“野花”“野草”；也可以表示是不正当的，例如“野心”。

我们从“干粮”“干饭”“干果”“干爹”“干娘”等名词中发现“干”是它们共有的音。这个“干”可以表示缺乏水分，例如“干粮”“干果”；也可以表示不是亲生的关系，例如“干爹”“干娘”。

我们从“公社”“公路”“公民”“公园”“公鸡”“公牛”“公共汽车”等名词中发现“公”是它们共有的音。这个“公”可以表示集体的、共有的，例如“公路”“公社”；也可以表示动物的雄性，例如“公鸡”“公牛”。

此外，我们还从“铁门”“铁皮”“铁丝”“铁路”“铁甲车”等名词中发现它们共同的音“铁”。从“石块”“石壁”“石桥”等名词中发现它们共同的音“石”。从“木片”“木板”“木棍”“木马”等名词中发现它们共同的音“木”。这里“铁”“石”“木”等共同的音，都是表示跟它们连在一起的多音名词的事物性质，说明这些事物是用什么材料制成的，或是用铁制成的，或是用石头、木头制成的。我们认为，这恐怕也是我们汉语名词的造词规律之一。因此像“屋顶”“屋角”的“屋”，“猪肉”“猪皮”的“猪”，也是这个规律的发展和运用。

工作到这里，暂时告了一段落。这时黄立的妈妈从厨房里出来了（她长得真胖呀！黄立跟他妈妈相比，只能算是小胖子了），给我们每人一碗红枣汤。她说：“你们学习得很好，现在累了，休息一会儿，吃些东西补补力气。”

我向她道谢了一声。

吃完了红枣汤，我们继续整理末一个音相同的多音名词。在这方面，我们也发现了不少各种多音名词共有的音。黄立说："已经八点半，时候不早了，我们得快一点进行。你写字写得快，现在请你专门写，让我来报告整理的结果，好不好？"

我向他笑着点点头，于是我们就改变了刚才各人分头写的方式，开始了他说我写的新方法。

好一个黄立，我真没想到，他不但会做报告，还会唱快板哩。只听他开口唱道：

有"礼品"，有"商品"，还有"奖品""副食品"。为啥它们都叫"品"？因为东西叫"物品"。

有"布片"，有"纸片"，还有照相用"相片"。为啥它们都叫"片"？因为这些是薄片。

有"冰块"，有"石块"，还有泥巴叫"土块"。为啥它们都叫"块"？因为原料已成块。

有"课本"，有"书本"，还有各种"练习本"。为啥它们都叫"本"？因为订成一本本。

有"鱼干"，有"饼干"，还有新疆"葡萄干"。为啥它们都叫“干”？失去水分才叫“干”。

有“工人”，有“主人”，革命需要“接班人”，共同的音都是“人”。

有“市民”，有“农民”，争取做个好“公民”，水上捕鱼叫“渔民”，共同的音都叫“民”。

有“党员”，有“团员”，还有少先队“队员”，他想做个“飞行员”，共同的音都叫“员”。

有“作者”，有“读者”，还有“先进工作者”，报道新闻有“记者”，共同的音都叫“者”。

有“校长”，有“队长”，小队还有“小队长”。再加“组长”和“班长”，共同的音都叫“长”。

有“画家”，有“作家”，还有许多“科学家”。他是一位“艺术家”，共同的音都叫“家”。

有“教师”，有“医师”，还有“建筑工程师”。还有一个“理发师”，共同的音都叫“师”。

有“旗手”，有“舵手”，样样都会“多面手”。前面来了“坦克手”，共同的音都叫“手”。

有“卫兵”，有“号兵”，我是一个“小水兵”。大家都想当“炮兵”，共同的音都叫“兵”。

有“陆军”，有“空军”，还有强大的“海军”，都是我们“解放军”，共同的音都叫“军”。

唱到这里，黄立顿了一顿，换了口气，又接着唱道：

共同的音还有“场”，例如“广场”和“牧场”，还有“会场”和“战场”，校里更有“运动场”。

共同的音还有“馆”，例如“旅馆”和“茶馆”。今天你上“博物馆”，明天我上“图书馆”。

共同的音还有“站”，例如“车站”“广播站”。那边是个“扬水站”，这边是个“修配站”。

共同的音还有“所”，农忙时办“托儿所”。客人都到“招待所”，司令员上“指挥所”。

共同的音还有“院”，不上“戏院”上“医院”。东边开起“电影院”，西边开起“敬老院”。

共同的音还有“处”，例如“远处”和“近处”。供应茶水“服务处”，问事请到“问询处”。

共同的音还有“室”，例如“教室”和“卧室”。南面是个“化验室”，北面是个“办公室”。

共同的音还有“部”，例如“总部”和“支部”。这是咱们“司令部”，开会请到“文化部”。

共同的音还有“田”，例如“水田”和“旱田”。山上种稻开“梯田”，有人在种“试验田”。

共同的音还有“园”，例如“果园”和“菜园”。儿童参观“动物园”，成人参观“幼儿园”。

共同的音还有“地”，例如“山地”和“阵地”。这里有块“丰产地”，那边是咱“宿营地”。

这时，黄立又换了一口气，接下去唱得更快了：

“火车”“汽车”“自行车”，共同的音是个“车”。

“轮船”“帆船”“破冰船”，共同的音是个“船”。

“信箱”“冰箱”“果皮箱”，共同的音是个“箱”。

“油灯”“电灯”“探照灯”，共同的音是个“灯”。

“马刀”“铡刀”“指挥刀”，共同的音是个“刀”。

“标枪”“步枪”“冲锋枪”，共同的音是个“枪”。

“炸弹”“炮弹”“手榴弹”，共同的音是个“弹”。

“大炮”“山炮”“迫击炮”，共同的音是个“炮”。

“石头”“砖头”加“拳头”，共同的音是个“头”。

“帽子”“脖子”“狗腿子”，共同的音是个“子”。

黄立唱到这里，笑得连气也接不上来了。但是我的手，却还来不及写呢。

我们把这次收获报告了小组长和陈老师。陈老师听了，用更大的热情称赞和鼓励了我们。他很激动地说：

“好啊，好啊！这是你们本学期语文课外活动的第二次大丰收！努力下去，就照这样努力下去吧！把你们这一次的丰收成绩也整理出来，写成快板，公布在教室里，让大家都瞧瞧！”

陈老师想了一想，又说：“名词的第一音，像‘大’‘小’‘老’等，适用的范围很广；名词的末一音，像‘头’‘子’‘儿’等，也是这样。但‘儿’不是一个独立的音，使用的范围较窄。关于‘子’和‘儿’，你们还应该更好地学习研究。”

接着陈老师又问我：“李明健，听说你的爸爸也是教语文的老师，对吗？”我笑着向陈老师点头。

这时，黄立插嘴说：“他爸爸是北海小学的六年级语文老师。”

“那好极啦！去年我去你家家访的时候，只见到了你的妈妈。明天有空，我去拜访你爸一次。”

晚上，我把陈老师要来家访的事告诉了爸爸，爸爸说：“那我明天一早去拜访你们陈老师吧。每次都让他来访，太辛苦陈老师了。”

爸爸的话

在名词的构造方面，有不少值得注意的地方，它们跟数量词也有很密切的关系，必须用心学习，试看下面的例子：

一斤菜　一元钱　一条鱼　一尺布
一本书　一支笔　一张纸　一封信
一座山　一亩地　一斗米　一头牛
一阵风　一瓢水　一壶茶　一顿饭
一位同志　一间房子　一排子弹　一门大炮
一伙强盗　一群豺狼　一辆卡车　一艘轮船
一套军装　一床毯子　一副手套　一串珍珠
一列火车　一件雨衣　一船货物　一架飞机

这里除了数字，应该注意到的是：说轻重用吨、斤、两、钱，说长短用丈、尺、寸、分，说容量用石、斗、升、合，说货币用元、角、分、厘，说时间用年、月、日、时(小时)、刻、分、秒等，不能用错。有一个单位食堂，在一次通知上把“吃一顿饭”写成“吃一吨饭”，使人见了大吃一惊，造成了一个很大的笑话。

量词有各种不同的来源。有利用事物的某一部分名称的，例如“一头牛”的“头”，“一面旗”的“面”；有利用事物的形状名称的，例如“一条鱼”的“条”，“一根线”的“根”；有利用事物本身的性质名称的，例如“一阵风”的“阵”，“一道缝”的“道”；还有利用存放东西的容器名称的，例如“一瓢水”的“瓢”，“一壶茶”的“壶”。“瓢”和“壶”本来是名词，但用在这种地方，就变成量词了。这样的情况很多，像“一尺布”的“尺”，“一门炮”的“门”，“一船货物”的“船”，“一桶酒精”的“桶”，都是名词变成的量词。

有些量词是集体性的。例如“一双”“一副”“一套”，都包括不止一件的物品。“一排子弹”的“排”，“一伙强盗”的“伙”，包括的个体往往更多。

有些名词可以用不止一种的量词来说。例如“一本书”也可以说“一册书”，“一口井”也可以说“一眼井”，“一根线”也可以说“一条线”，“一口猪”也可以说“一只猪”“一头猪”，“一顿饭”也可以说“一餐饭”。

各种量词中，用途最广泛的是“个”。从“一个人”到“一个缺点”，几乎绝大多数的名词都可以用它。这是什么缘故呢？因为“个”是个说得最笼统的量词。此外，也还有好些量词不专门限用于一种名词。例如“粒”，可以说米。也可以说豆、沙、种子等，“条”可以说鱼，也可以说蛇、河、带子、手巾等。“只”可以说猪，也可以说鸟、鸡、船、牛、羊、马、眼睛等；“把”可以说椅，也可以说刀、剑、斧、锁、米等；“件”可以说各种衣服，也可以说事情；“根”可以说线，也可以说棍子、竹竿、藤条等，“块”可以说土，也可以说木板、铁、糕、布等。

你的爸爸

读后作业

填入适当的量词到（　）中：

一（　）路	一（　）信	一（　）报	一（　）画
一（　）针	一（　）灯	一（　）树	一（　）草
一（　）酒	一（　）花	一（　）火	一（　）药

一（ ）日记　　一（ ）帽子　　一（ ）手套

一（ ）落叶　　一（ ）薄雾　　一（ ）金光

一（ ）比赛　　一（ ）机枪　　一（ ）垃圾

一（ ）雨伞　　一（ ）故事　　一（ ）冰棍

七　进一步认识了名词的构造

——记语文课外活动的第三次大丰收

星期六的下午，小组长李红在陈老师的领导下，召开了调查名词构造情况的汇报会。这次会开得很热闹，我的爸爸和北海小学六年级的部分爱好语文的同学们，也被邀请来了。陈老师还请爸爸在会上讲了话。爸爸称赞我们的汇报内容很精彩，成绩不错，又说北海的同学们要向我们学习，回去以后，积极开展语文的课外活动。

汇报是分两组先后发言的。先由李红、黄立和周小龙一组报告双音名词构造的情况，由黄立代表发言。黄立为了今天的发言，在陈老师的帮助下，已做了充分的准备。昨天，还特地理了一次发，面目焕然一新，我几乎不认识他了。他发言的内容如下：

双音名词的构造，主要有五种形式：

第一种形式是两个音根本分不开的。如果硬分开来，任何一个音都没有意义了。例如“蟋蟀”“螳螂”“玫瑰”“枇杷”等。从这种双音词中，使我们明白单个的汉字往往说不上代表什么意义。可见，我们中国语文有意义的组成单位，基本上是词，不是字。

第二种形式由两个单音名词结合而成。例如“水”和“银”结合而成“水银”，“力”和“气”结合而成“力气”。应该注意，这种双音词虽然由各含意义的单音名词组成，但是组成以后的双音词已经含有一种新的意义，不是原来两个单音词的意义了。

第三种形式由一个单音名词和一个单音动词结合而成。这种形式，一般都是动词在前，名词在后；但也有少数是名词在前、动词在后的。例如：

（一）动词在前，名词在后的：

战士　行人　猎户　医师　居民　司机

旅客　宿舍　食堂　学校　飞机　救星

（二）名词在前，动词在后的：

粮食　纸包　心思　理想　炮战　钟摆　枪托　书夹

就前一种形式来看，其中的动词含有形容词的性质。例如“战士”，意思就是“作战的士兵”。因为这个“战”等于“作战的”，所以应该作形容词看。

照第二种形式构成的双音名词，虽然数量较少，可是就这个形式本身来说，可说是一种很巧妙的构词方法。试看下面的例子：

牙刷（刷牙的）　手套（套手的）　耳挖（挖耳的）
鞋拔（拔鞋的）　球拍（拍球的）　口罩（罩口的）
蝇拍（拍蝇的）　米囤（囤米的）　信封（封信的）
瓶塞（塞瓶的）　灯罩（罩灯的）　粉扑（扑粉的）

就是说，这一类名词如果倒过来讲，恰好说明了它们的用途。这是不是偶然的现象呢？我们认为不是。照我们的看法，这是我国历代劳动人民的构词方法之一。当劳动人民把一种新工具或新用品创造出来的时候，他们根据新工具或新用品的用途（例如“刷牙”）就把它颠倒一下（变为“牙刷”），于是定名的任务就完成了。这种定名的方法（也就是构词的方法）不但简单容易，而且倒过来又能说明它的用途，岂不巧妙？

第四种是单音名词和单音形容词结合的形式。在这个形式中，一般都是形容词在前，名词在后；但也有少数是名词在前，形容词在后的。例如：

（一）形容词在前，名词在后的：

大地　小时　老乡　红军　白雪　青草

新年　晚会　狂风　暴雨　小米　高粱

（二）名词在前，形容词在后的：

风暴　饼干　乡下　晚上　国外　屋里

午后　笔尖　天空　月亮　乳腐　肉松

这一种名词构造有两种很值得注意的情况：一种是其中的第一音相同；另一种是其中的末一音相同。第一音相同的，我组的黄立和李明健早已发现了“大”（如“大地”“大军”)、“小”(如“小鬼”“小米”)、“老”(如“老乡”“老师”)、“野”(如“野草”“野花”)、“干”(如“干粮”“干饭”)、“公”(如“公社”“公路”)等。相同的末一音，他们也已发现了“品”(如“商品”“奖品”)、“片”(如“木片”“纸片”)、“块”(如“冰块”“石块”)、“本”(如“书本”“课本”)等。现在我们又陆续发现了一些，举例如下：

高　高粱、高原、高山……

前　前线、前天、前途……

后　后方、后脑、后果……

红　红军、红糖、红菜……

白　白天、白发、白云……

黄　黄昏、黄瓜、黄金……

青　青草、青年、青春……

(以上第一音相同)

面　前面、桌面、水面、平面……

上　街上、头上、手上、地上……

下　地下、床下、山下、天下……

里　家里、山里、水里、城里……

前　门前、眼前、屋前、跟前……

后　脑后、课后、事后、最后……

（以上末一音相同）

在这里，我们发现了一个问题，那就是这些第一音，究竟哪些是词头，哪些不是词头？在许多相同的末一音里，哪些是词尾，哪些不是词尾呢？希望老师指导一下我们。

第五种是由两个单音动词结合而成的形式。例如：

开关　命令　作用　布告　行动　号召

距离　铺盖　会议　编辑　裁缝　交通

这种名词的构造，显然也跟它们的意义有关。

现在，让我再来补充谈谈第二种形式的名词。这种构造形式的名词，有许多是用两个意义相等的名词构成的，有许多是用两个意义相关的名词构成的（其中之一是主体，双方不是对等的关系）。

用两个意义相等的名词构成的，例如：

街道　季节　城市　乡村　景色　力气

树木　声音　时期　家乡　人民　墙壁

上面已经说过，两个对等的单音名词，既然已经构成了一个新的双音名词，它就代表了另一种新的意义了，不能再把两个音分开来理解了。例如“街道”，就是一个意思：街道（也就是马路）；不是“大街”加“道路”。

用两个意义相关的名词构成的，例如：

竹笋　蜂蜜　水泥　蜡烛　头发　军舰　手指
手杖　雨伞

（以上主要的单音名词在后）

国家　家庭　地点　窗户　露水　时候　耳朵
枕头　光芒

（以上主要的单音名词在前）

另外，还有一种像“物件”那样的构造形式，前一音是单音名词，后一音本来是量词，后来索性跟前面的名词结合起来，构成双音名词了。这样的名词还有不少，例如：

车辆　船只　马匹　人口　枪支　钢锭
煤块　房间　田亩　款项　案件　信件

这种双音名词，按它们的构造形式来说，是比较近代的。

接着，杨华和张平一组报告三音以上多音词的构造，由瘦个子张平发言。张平的发言也是有充分准备的，内容是：

三音名词的构造有两种形式：一种是前面一个单音词，后面接个双音名词，例如“大力士”。另一种是前面是个双音词，后面接个单音名词，例如“少年宫”。

单音词在前的三音名词，那个单音词大都是形容词，这种形容词又往往具有词头的作用。例如：

总路线　大礼堂　老人家　红领巾

白细胞　软木塞　暴风雨　外祖父

双音词在前的三音名词，那个双音词有时是名词，有时是动词。例如：

少年宫　幼儿园　单人床　玻璃瓶

艺术家　粉笔画　白杨树　棉铃虫

（以上双音词部分是名词）

后勤部　根据地　参谋长　敬老院

通信员　照明弹　保育员　装饰品

（以上双音词部分是动词）

在这种三音名词里，接在后面的单音词往往有词尾的性质。

再说四音名词。这些名词的构造，一般都是前面一个双音词，后面一个双音词。就前面的一个来说，有时是名词，有时是动词。后面的一个，大都是名词。例如：

党委书记　政府首长　人民代表　外国儿童

羊肠小道　大米稀饭

（以上前面一个是双音名词）

人造卫星　教条主义　拦洪大坝　载重汽车

知心朋友　领导艺术

（以上前面一个是双音动词）

也许有些同学要问：难道后面一个的双音词，都只能是名词吗？像“阶级斗争”的“斗争”，“体力劳动”的“劳动”，“土地革命”的“革命”，“物质生活”的“生活”，不都是动词吗？我们小组曾经讨论过这个问题，讨论的结果一致认为这些词原来虽都是动词，可是在这些四音名词里，它们却都起着名词的作用，具有名词的性质，因此应该把它们当作名词看待。

还有一个问题：在前面一个是双音名词，后面一个也是双音名词的时候，究竟哪个是主体呢？例如“人民代表”，说到底是“人民”呢，还是“代表”呢？应该说，主要的是“代表”，“人民”在这里是指“代表”的性质。同样的道理，“大米稀饭”，主要说的是“稀饭”，不是“大米”，“大米”在这里是指“稀饭”的性质。这就说明，在这种构造形式里，前面的双音名词实在是起着形容词的作用，它是形容后面的双音名词的。这一点我们看了“羊肠小道”，就更容易明白了。

最后说一下五音名词的结构。这种名词，一般由前面一个双音名词，后面一个三音名词构成，例如“朝鲜人民军”；或者由前面一个三音名词，后面一个双音名词构成，例如“党支部书记”。此外，还有五个音以上的名词，因为数量不多，构造上也说不出什么特点，就不说了。

陈老师一等报告完毕，先请我的爸爸讲了话，然后向我们解答了词头和词尾的问题，最后又谈了一下词的构造的发展。他说：

在名词的构造中，有词头和词尾的现象。词头是说词的头部，词尾是说词的尾部。词头和词尾的共同特点，第一是能够比较普遍地活用；第二是已经失去了这个词原有的意义，另外表示一种新的特定的意义或作用。例如“老师”的“老”，有好些名词（例如“老乡”“老陈”等）也都用它作为词头，不仅仅限于老师一个。而且“老”在这些地方，已经失去了年龄大的意义，只是表示一种尊重或亲热的意思。因此我们说“年轻的老师”，听了也并不觉得矛盾。这是词头的例子。又如“工人们”的“们”，那是专门接在各种名词和代词后面而表示多数的，我们叫它作“词尾”。今天在中国的语文中，专门作词头或词尾用的并不很多。因此，为了解决构词的需要，不得不借用现成的某些单音词，使它们兼有词头或词尾的作用。这里面有单音的形容词，像“老师”的“老”；也有单音的名词，像“硬骨头”的“头”。今后随着科学文化的发展，可能会逐渐增加。

刚才黄立在报告中提到的问题，我看是不是应该这样认识：有许多单音词（甚至多音词），不论是名词还是形容词，也不论它作为多音词的第一音还是末一音，今天都在发展变化之中。例如“老”，当它构成别的多音词而含有年龄大的意义时（例如“老人家”“老太婆”），大家不认为它是词头；可是另一方面，它又在被我们借用的“老师”“老乡”等与年龄无关的名词上，发展到了今天，它的使用范围更扩大了，“老陈”“老张”“老李”“老王”，只要知道你姓什么，不论你年龄大小，别人就会在你姓的前面加上一个“老”来称呼你，表示对你的亲热。这时候，“老”就成了一个词头了。

不少常用的构词第一音和末一音往往也跟“老”一样，在从普通的单音词向词头或词尾发展变化着。照我的意见，只要它们已在开始起词头或词尾的作用，我们就可以称它们是某些词的词头或词尾；因为事实上它们在这样发展，也跟原有的作用并不矛盾。

再说词从单音向多音发展的时候，随着音的增加，它们的意义也往往逐渐复杂起来，丰富起来。例如“火柴”这个词，用两个音代表一种不是原音所能代表的东西，是一个词。可是另一方面，这个词所包含的两个原音“火”

和“柴”，本来是两件东西，现在因为结合在一起了，才有了新的意义（一种能发火的细柴梗）；因此它虽然是一个词，却是一个复词。今天黄立和张平所说到的词，有许多都是复词。“城市”是复词，“乡村”也是复词，三音以上的词，复词更多。例如“朝鲜人民军”，我们初步加以分析，就知道它是由“朝鲜”“人民”和“军”三个词结合而成，也是复词。至于为什么要创造这个复词，那当然是因为朝鲜有这样一个武装的队伍，才会产生这个复词。这就说明，语文是跟着历史的发展而发展的。

爸爸的话

孩子，我在今天的会上称赞你们汇报的内容精彩，成绩不错，你听了觉得怎样？

不错，我认为当时这样说很有必要。因为对你们努力的成绩应该加以肯定，让你们对今后的学习更有信心。但我这样说的目的，无非是在鼓励你们继续努力前进，并不想让你们听了，产生自满情绪。

自满是阻止自己进步的暗礁，一种可怕的暗礁。年轻人，不论在认识方面或能力方面，都丝毫没有可以自满的地方。像我们这样年龄的人，还要不断学习前进，不能自满哩，何况你们。

你的爸爸

读后作业

说明下列各个名词构造的主体部分：

红军　　摇篮　　老大爷　　录音机　　黑斑病

喇叭花　　单口相声　　生活水平　　劳动英雄

八　名词的小尾巴

——记一次有趣的座谈会

下一个周末（星期六）的下午，我们开了一个很有趣味的词尾座谈会。

关于名词的词尾“子”和“儿”，我们在整理名词的时候，曾经提到一些，当时了解得还很不够。后来陈老师鼓励我们，做进一步的调查和研究。本来生长在南方的同学，对于“儿”这个词尾，是比较陌生的；因此小组长李红特地组织了几位生长在北方的同学，请他们谈谈这方面的学习心得。召开一个关于词尾“子”“儿”的座谈会，就这样酝酿成熟了。

这一次座谈会开得很好，长期生活在北京的黎老师和他教的五年级（1）班全班同学，以及本班的全体同学，都出席了。黎老师还接受了陈老师的请求，发表了精彩的讲话。座谈会历时不长，可是内容很生动，可说是我们几次丰收之外的意外收获。

下面是这次座谈会的记录：

【李红】同学们，我们小组在语文课外活动的第三次大丰收中，曾经发现了不少名词的末尾，常有一个“子”，或者一个“儿”。后来陈老师告诉我们，这方面还应该进一步努力，更多地搜集有这两种词尾的名词，来比较研究它们的作用和用法。经过最近一段时间的准备，我们组里的同学们已经有了一定的收获。因此今天召开这个座谈会，让大家来交流一下学习的心得，并请黎老师和陈老师出席指导。现在人已到齐，我宣布座谈会正式开始(大家鼓掌)，请大家踊跃发言。

【黄立】在中国语文里，不少名词有着“子”或“儿”的词尾。最近，我进一步发现这两种词尾，对有些名词来说，可以有，也可以没有。例如“小船”，可以说“小船儿”，也可以只说“小船”。“刀”可以说“刀子”，也可以只说“刀”。可是一般名词却不能这样随便。例如“书”，就不能说“书儿”，也不能说“书子”。至于哪些名词可以有词尾，哪些名词不能有，好像全凭习惯。一般来说，在北方话里，有词尾“儿”的名词比较多；南方有些地区，有词尾“子”的名词较多。

【张平】我发现“子”和“儿”这两种词尾，都念轻音。如果不念轻音，它就不是词尾了。例如北方话的“儿媳妇”，其中的“儿”是念重音的，因为它不是词尾，“媳妇儿”的“儿”就念轻音，因为它是词尾。“子”也是这样：“麦子”的“子”如念重音，是指麦的种子，那不是词尾；如念轻音，就指一般的麦，就是词尾了。词尾“儿”念轻音时，是跟着前面的音节轻轻带过去，不算一个独立的音节，因此在写成文字的时候，也常常不写出来。但“子”这个词尾，通常都是要写出来的。

【黎老师】这位同学说的词尾跟轻音的关系，的确很重要。如不懂这个规律，朗诵时就会出错，我们应该注意。现在我也来说一些。原来“子”和“儿”这两种词尾，本来都有“小”的意思。古人把“小孩”叫作“小子”，又叫“孺子”“赤子”，都可证明。可是到了现代，“子”已经不常表示“小”的意思了。例如我们平时说“凳子”，那“凳子”就不一定是小的。如果要说它“小”，就得说“小凳子”。说“鸭子”，也不一定是指小鸭。如果要说它小，就得说“小鸭子”。这种情况说明，“子”这个词尾，现在已不再像“儿”那样表示“小”的意思了。因此有人说，一个五十多岁的人，可以指着三十来岁的儿子说：“这是我的孩子。”还可以接下去说：“我这个孩子去年娶了媳妇儿，生了一个小孩儿。”（大家鼓掌，笑）

【张平】“儿”除了表示“小”，还有两种作用：第一，它能把本来不是名词的词改造成名词。例如“盖”本是动词，“盖儿”就变成名词。“画”也是动词，“画儿”也变成了名词。“尖”是形容词，“尖儿”就变成了名词。“亮”也是形容词，“亮儿”也变成了名词。对人的称呼如“三儿”“五儿”，是在数词后面加“儿”变成的。第二，可以用“儿”接在有些名词的后面，造成了跟原词意义不同的新词。例如“劲”，原是“力气”的意思，“劲儿”却是“趣味”的意思。“眼”原来是说“眼睛”，“眼儿”却是指各种小窟窿，“白面”原指“小麦粉”，“白面儿”却是一种毒品——海洛因的俗称。

【杨华】我也补充一点，“儿”还能表示比较笼统、抽象的东西。例如“大伙儿”“一块儿”“心眼儿”等；还可以用在带有动词的名词后面，例如“打转儿”“拐弯儿”“打滚儿”“干活儿”等。这时动词和名词之间，还可以插进别的音节，例如“拐个弯儿”“干轻活儿”。它还有一种作用，就是放在叠音形容词的后面，使语调柔和动听，例如“好好儿玩”“慢慢儿走”。

【周小龙】我体会凡是词尾是“儿”的名词，多是一些形状小、年龄小、数量少的事物，或者是事物的一部分（不是全部）。例如“麦苗儿”“月牙儿”“水点儿”“手绢儿”，都是些小东西；“一丝儿”“一星儿”“一点儿”“一会儿”，都表示不多；“山坡儿”“锅盖儿”“河沿儿”“鼻梁儿”，都表示一部分。把这种情况结合刚才黎老师说的话来看，使我认识到“儿”这个词尾，的确跟事物的幼小、少量等特性有密切的关系，好像是条规律似的。

【李红】周小龙的话使我受到很大的启发。这两种词尾的用法，虽然正如黄立所说，主要是根据习惯；但我想在习惯里面，就存在着一些规律；周小龙说的，岂不就是规律之一？此外，我还想补充一些，就是“儿”这个词尾，还能表示亲热。这一点在人名上来看，表现得尤其显著，例如“宝儿”“喜儿”“狗儿”“虎儿”等。大家都看过《白毛女》的电影，白毛女的本名，不就叫“喜儿”吗？（鼓掌）

【陈老师】大家谈“儿”的词尾已谈得不少，也谈得很好。现在我们是不是再来谈谈“子”这个词尾？

【黄立】我觉得“子”的用途，似乎只限于名词。而且我发现“子”和“儿”在用法上有两种主要的区别：第一，“子”只限用于工具、器官一类的名词，“儿”则可用于一般名词。第二，“子”表示一种厌憎的情绪，“儿”恰恰跟“子”相反，能表示亲热，表示爱的感情。现在分别举例说明如下：

（一）属于工具、器官一类的名词，词尾大都用“子”。例如：

斧子　锯子　扇子　棍子　鞭子

桌子　椅子　炉子　肚子　肠子

这类名词以外的一般名词，往往用“儿”做词尾。

（二）词尾用“子”的，是憎称；词尾用“儿”的，是爱称。举例比较如下：

他是个可爱的老头儿。那是个让人讨厌的老头子。

你家的小孩儿真聪明。小孩子家，少管那样的事！

他嘴里不说，心眼儿透亮。这女人一肚子坏水！

【李红】现在，我们请黎老师总结一下。

【黎老师】今天的座谈会开得很成功。大家的发言内

容很精彩，对我和我们班的同学们帮助很大，我和我们班同学们向你们表示感谢，并且要向你们学习。（全体鼓掌）

“子”和“儿”都是词尾，它们做词尾的历史已经很久远了。据我看来，它们的意义本来是相通的；直到现在，在一部分名词中，它们还能互相通用。例如“法子”，也可以说“法儿”；“样子”，也可以说“样儿”。这是一方面。另一方面，也是更主要的方面，它们的作用和用法，今天已经跟着时代的步伐和中国语文的发展开始分化了。正如同学们所指出的：“子”表示憎称，“儿”表示爱称。“子”用于工具、器官一类的名词，“儿”则用于其他的名词、动词和形容词。这就是它们不同的作用和用法，即它们的使用规律。

还有很重要的一点，就是刚才另一位同学所谈到的：这两种词尾的用法，主要是根据习惯而来；可是在习惯里面，就存在着一定的规律。今天我们所要去发现和掌握的，也正是这些客观规律。通过这次座谈，你们已经发现和掌握到一些重要的规律了，这的确是一项很大的收获！（全体鼓掌）

晚间，在我家举行了第三次练习使用新词的小组会。

组长李红临时宣布今天练习使用"一会儿"和"不一会儿"，恰好跟白天座谈会的内容结合起来了，不可不记。

"一会儿"是指不长的时间，"不一会儿"呢，照字面来看，似乎应该是反面的意思（较长的时间），其实它准确的意思是"不到一会儿"，是比"一会儿"的时间更短的时间。

当时，黄立想了一想，说："这几天的天气，一会儿阴，一会儿晴，却老不下雨。"

我接着说："弟弟跟邻家的孩子，一会儿和好，一会儿又吵起来了。"

张平说："昨天黄昏时，胡同里来了个老头儿，一会儿敲敲这家的门，一会儿敲敲那家的门，说是来探望亲戚的。"

周小龙说："相声演员，一会儿说，一会儿唱，老逗人发笑。"

李红说："我来试用一下'不一会儿'。天晴了好久，今天好不容易才下雨，哪知道不一会儿，又晴了。"

张平说："新买来的小人儿书，不一会儿就看完了。"

周小龙说："炉火正旺，一壶冷水放上去，不一会儿就烧开了。"

我说：“我跟大家学习使用这个词，不一会儿就学会了。”

为了更充分地练习使用新词，李红和我们在会后又讨论了一下，决定从下周起，各人准备两本小册子（一本备用），经常把在课本上读到的新词，主动地练习造句，并记在各人的小本子上，在组内互相传阅提意见，就不用定期开会了。

读后作业

1. 试用下列的词造句：

架子　孩子　曲子　小鸡儿　玩意儿

2. 根据座谈会的记录，重述一次“子”和“儿”的使用规律。

九　发现了另一个宝藏

——记爸爸的又一次谈话

桃花红了，杨柳绿了，天气更暖和了。我们的语文课外活动小组，最近在陈老师和小组长李红的领导下，开始了另一种新的词头——动词的调查研究。据说，这一种词类的构造、性质和用法，都跟名词有很大的不同。

可是，我对动词的了解是很少的。我问小组长李红，李红说：“我也知道的不多。怎么办呢？让我们先去问问各人的家长，好吗？”我同意了，并觉得我们的组长还真会想办法。

回家后，我问爸爸，动词究竟是一种怎样的词？怎样才能做好它的调查研究工作？爸爸说：“要做好这项工作，先应该知道动词是一些怎样的词。好像探查矿藏的人，先得认识矿苗一样。”他问我知不知道动词的性质，我点点头。于是爸爸从一本我以前读过的语文课本里，随便挑选了一篇《我当了一次记工员》的课文，要我摘出我所认识的全部动词，并按照单音动词、双音动词、三音动词，分开排列出来。

因为我早已知道动词是表示各种动作行为的词类，碰巧那篇课文又短，不到半小时，已经把课文里全部动词整理出来了。那就是：

单音动词（共10个）

去　说　要　等　带　找　写　响　老　喊

双音动词（共17个）

约好　吃完　叫到　开会　帮忙　惦记
点头　答应　让给　拨亮　落在　翻开
打得　算账　算完　笑着　夸奖

三音动词（共4个）

捉迷藏　算工分　想不到　找不到

爸爸看了我整理出来的材料，点点头，并对我谈了下面的话：

动词也跟名词一样，是从单音到多音，逐步发展起来的。刚才你已把一课课文的动词统计出来了，从统计的结果来看，数量最多的也是双音词，跟名词相同。三音动词数量很少，我们暂且不管，现在先来研究单音动词和双音动词。

单音动词在很古的时候，比现在还要多些；今天我们还在继续使用的，已只限于一部分基本动词了。古时通行的一部分单音动词，今天已变成双音动词。例如“喧嚣”的“喧”，“克服”的“克”，“承担”的“承”，“索取”的“索”，“呻吟”的“吟”，“学习”的“学”和“习”，“督促”的“督”和“促”，“使用”的“使”和“用”，“参观”的“参”和“观”，“展览”的“展”和“览”，古代都做单音动词用，可是到了今天，却很少这样使用，而是用双音动词了。

也像名词一样，动词从单音发展到双音，应该认为是一种很大的跃进。因为双音动词由两个音构成，这两个音可以由各种不同的单音结合变化而成，结果动词的数量比单音时期大大增加，可以满足当时文化发达的需要，使各种各样的动作、行为、思想、感情，以及一般事物的发展变化，都能用各种不同的动词分别表示出来。

今天，动词数量之多，还可以从下述的情况看出来。那就是同一种动作行为，常可以用单音词表示，也可以用双音词表示。例如：

升——上升　降——下降　在——存在　学——学习

用——使用　帮——帮助　知——知道　见——看见

例如“全班同学升级”,也可以说“全班同学上升一级”。说“个别同学降级”，也可以说“个别同学下降一级”。说“用钢笔写字”，也可以说“使用钢笔写字”。说“他帮我摇船”，也可以说“他帮助我摇船”。

双音动词产生之后，有些被人们使用久了，就结合得比较紧密，意义也比较明确。有些使用得还不很久，使用面也不广，因此结合得还不紧密，意义也就不大明确。例如“学习”“建设”“表现”“认识”等，都是结合得比较紧密的；但是像“偷走”“对开”等，结合得就不够紧密，大都是一种临时性的结合。这种结合得不紧密的双音动词，一旦从文章中抽出来时，因为它们的意义不很明确，理解起来就比较困难。例如“偷走”，必须读了“我想把它偷走”这句话，才能理解它的意思。否则，也可能被我们误会是“偷偷地溜走”。又如“对开”，如果不读文章中“铺的是双轨，火车可以对开”这句话，也可能被我们理解为“对半分开来”。我们在学习的时候，应该尽量先掌握那些结合比较紧密的双音动词。

可是，同一种动作行为的不同说法，如果都是习用已久的，那就应该兼收并蓄，尽量都掌握它们。知道了“升”，还应该知道“上升”；知道了“降”，还应该知道“下降”，等等。为什么要这样呢？因为它们所表示的，虽是同一种动作行为，但是单音动词跟双音动词，在使用时各有不同的用处。例如在“东方红，太阳升”的歌里，其中的“升”如果改用“上升”就不好。因为这两句歌，每句都由三个音组成，是互相对称的，所以唱起来很动听。如果后一句改为“太阳上升”，就变成四个音了，不能跟上一句对称了，这是一方面。另一方面，在说“气球纷纷上升”时，就应该使用“上升”，如果改用“升”，念起来也不顺口。这是因为这句话的前面接连用了两个双音词（“气球”“纷纷”），如后面接一个单音动词，念起来就感到别扭。因此我们不仅要掌握“升”，而且还要掌握“上升”。

有时，同一种动作行为有两种以上的双音动词，虽然都是双音，也都应该掌握。例如：

火车从这里往北，可以开到满洲里；往南，可以到达广州。

其中的“开到”和“到达”都是双音动词，意义和用法也都相同，只是说法不同罢了。这两种不同的说法，我们都应该掌握起来，不能只学会一种就算了，原来我们在说话、写作的时候，用词还应该避免重复，如果只知道一种说法，碰到要表达上面例句的意思时，就只能重复使用一种说法，不能有什么变化了。知道了两种不同的说法，就能够变换着用，使句法灵活、生动。

所谓“动词”，是不是全都表示动作和行为呢？像“去”“说”“带”等，当然都表示动作行为；但是像“想”，是指头脑的思考，就很难看出表面的动作或行为，可是，它也是一个动词。“等”呢，简直连看不见的思考也不一定有，但也是一个动词。此外，像“睡”和“死”也都是动词。凡是这一类动词，可说是动作行为看不见的动词。

在这类动词中，还有只表示事物存在的，如“在”和“有”。有只表示肯定的，如“是”。例如：

阿菊，你在哪里呀？（“在”是动词）

世界上只有他们最可恶。（“有”是动词）

帝国主义是全世界人民的敌人。（“是”是动词）

再说，动词所表示的动作或行为，有的有接受它的对象，有的没有。例如“找”，找什么呢？如果说“找铅笔”，那么，“铅笔”就是“找”的对象。又如说“拨动”，拨动什么呢？如果是“拨动手表的分针”，那么，“分针”就是拨动的对象。像这些动作行为有对象的动词，叫作“他动词”，至于像“去”，像“出现”等动词，使用的时候没有动作行为的对象，这种动词叫“自动词”。

有些动词可以作他动词用，也可以作自动词用。例如：

螃蟹在田里爬。（这个“爬”没有对象，是自动词）

我们决定爬对面的那座高山。（这个“爬”有对象“高山”，是他动词）

许多单音动词都可以这样两用，少数双音动词也可以这样两用。例如：

我们应该虚心学习。(这个“学习”没有说到对象，是自动词)

我们要好好学习语文。(这个“学习”提到对象“语文”，是他动词)

但是，也有一部分动词，只能作自动词用，不能作他动词用。单音动词如“来”“去”“跑”“走”“跳”“飞”“哭”“笑”“醉”“病”“死”“活”“闷”“乐”“响”等，双音动词如“生长”“清醒”“休息”“躺下”“进步”“失败”“成功”“成长”“居住”“服务”“惊慌”等，都属于这一类动词。有时候，你也会发现它们的后面分明也有对象；可是在这种时候，前面的那个动词，早已不是原来自动词的意义，而是表示他动词的意义，变成他动词了。例如：

你死了这条心吧。

在这句话里，“死”已经不是原来的意思，而是“放弃”的意思，是一个他动词，所以它的后面有对象“这条心”。

有时候，它们的后面也会接着名词或代名词，可是这些名词或代名词，其实并不是前面动词的行动对象，而是补充说明行动情况的。例如：

哥哥已去上海。（“上海”不是“去”的行动对象，是说明“去”的目的地）

知道了哪些动词可以两用，哪些动词只能作自动词用，不能作他动词用，有什么好处呢？好处是这样一来，我们在使用它们的时候，就不致造成错误。例如：

我们的行动惊慌了敌人。
把一部分顽固派清醒过来。

上面两句话里，就是因为误把“惊慌”和“清醒”两个自动词当作他动词使用，结果造成了错误。

读后作业

1. 搜集一批动词，并且指出他们是自动词还是他动词，还是两用动词。

2. 指出下列各句里的动词，并且说明它是自动词还是他动词。

① 油菜花开了，开得很茂盛。

② 妈妈把门开了，请客人进来。

③ 这个消息太使人高兴了。

④ 他担心自己也许完不成这个光荣的任务。

⑤ 瓦特发明了蒸汽机，对后来的工业影响很大。

⑥ 努力团结群众，壮大自己的力量，才能孤立敌人，击败敌人。

十　动词是这样构成的

——记语文第一小组的一次座谈

为了加强动词的调查研究工作，陈老师把我们全班同学重新编成了三个小组。他自己领导了第三小组，又邀请五年级班主任黎老师和六年级乙班的班主任欧阳老师，分别做第一、第二两个小组的顾问。第一小组的组长是李红和我，第二小组的组长是陈广文和石敏华，第三小组的组长是周秀英和黄立。三个小组成立后，继续搜集、整理和研究动词的构造和用法。从上星期五的语文课起，各小组轮流汇报工作情况。

我们第一小组的任务，是在黎老师的领导下，调查研究双音动词和它们的构造及用法。上星期三晚上，我们全组同学在李红家里开座谈会，漫谈各人在工作中的心得体会，帮助周小龙做好星期五汇报的准备。那天晚上，黎老师也被请来出席了。临开会前，陈老师也在百忙中自动赶来了。我们的陈老师真是太好了！

我第一个发言。我说：

双音动词的构造，根据我们已经搜集到的材料，大致有五种不同的类型。第一种类型是前后两音的意义相同或相近，例如“搬运”“叫喊”等。第二种类型是前一个音说明动作行为，后一个音说明受动作行为影响的对象，例如“捕鱼”“喂鸡”等。第三种类型是前一个音说明动作行为，后一个音补充说明动作行为的结果情况，例如“染成”“伸出”等。第四种类型是前一个音说明动作行为的情况，后一个音说明动作行为。例如“广播”“追认”等。第五种类型是单音动词重叠变成的，例如“看看”“玩玩”等。除了以上五种，可能还有别种类型的双音动词，但是主要的、比较常见的，恐怕就是这五种了。现在举些现成的例子来说明它们。

先举第一种类型。例如：

搬运　叫喊　脱落　观望　治疗　进展

看见　行驶　盼望　使用　吵闹　报告

这类双音动词有一个特点，那就是如果单用其中一个音，也已能表达原来的意义了。例如“搬运”，就等于说“搬”，或单说“运”；“叫喊”等于单说“叫”，或单说“喊”。其他如“脱落”“观望”等，也都是这样。这就告诉我们，有许多动作或行为，至少有两种不同的说法：一种用单音动词，一种用双音动词。在使用的时候，究竟用哪一种，我们可以根据需要来决定。例如：

从山上运木材到山下，并不很难。（用单音的“运”）
搬运这批木材，最好利用机械。（用双音的“搬运”）

这时周小龙插进来问：“为什么要这样呢？”

我回答说：

照我的想法，这可能跟我们说话的语调有关。因为根据这两句话的构造来看，前一句的上半句，是三个音一顿；后一句的上半句，是两个音一顿：

从山上　运木材　到山下……

搬运　这批　木材……

如果把前一句的“运木材”改为“搬运木材”，虽然意义相同，可是念起来一会儿三个音，一会儿四个音，就不及原句和谐协调。同样，如果把后一句的“搬运这批木材”改为“运这批木材”，意义也一样，可是念起来也不及原句和谐协调。我们平时说话，虽然并不考虑这些，却往往说得很好，这是什么缘故呢？这是因为我们说话是根据习惯说的，而习惯也正好要求说话能和谐协调。

这时，平日很少发言的邹明珠接下去说：

我另外又发现这些双音动词因前后两个音意义相同，往往可以颠倒使用。例如“叫喊”可以说成“喊叫”，“代替”可以说成“替代”，“行驶”可以说成“驶行”，“治疗”可以说成“疗治”。但是，像“观望”不能说成“望观”，“督促”不能说成“促督”，“使用”不能说成“用使”，“报告”不能说成“告报”。为什么有的能颠倒使用，有的不能颠倒使用呢？我想这也跟习惯有关。因为我们在习惯上有“喊叫”的说法，却没有“望观”的说法。

周小龙一面听，一面向邹明珠连连点头；见邹明珠不说了，他就抬头想了一下，进一步说：

我想还应该注意的是：有些双音动词，如果把它一颠倒，意义就会改变，因而用法也就不同；有些动词颠倒之后，连词的性质也改变了，意义和用法当然更不同了。例如：

出现≠现出　争论≠论争　产生≠生产　发出≠出发

展开≠开展　议决≠决议（名词）　证明≠明证（名词）

盘算≠算盘（名词）

这一些颠倒之后意义和用法不同的词，我们在学习时最要当心，应该把它们严格区别开来。如果马马虎虎，不加区别地使用，就会造成错误。例如：

洞里的狮子发出一声怒吼（不能说“出发”）

应该从革命的利益出发来考虑问题。（不能说“发出”）

等周小龙说完了，我又接下去说：

第二种类型的双音动词，举例如下：

捕鱼　踢球　猜谜　听话　见面　主动

打架　算账　治病　冒险　渡河　搬家

这一类双音动词也有一个特点，那就是常可以倒过来说，或者拆开来说。例如“捕鱼”可以说“把鱼捕”，“踢球”可以说“把球踢”，这是倒过来说。“渡河”可以说“渡过了河”，“算账”可以说“算完了账”，“冒险”可以说“冒一次险”，“立功”可以说“立一次功”，“治病”可以说“治愈了病”，“猜谜”可以说“猜中了谜”，“见面”可以说“见你的面”，等等，这是拆开来说。

但是，如果把不属于这种类型的双音词也随便拆开来，那也会造成错误。例如“体操”说“体完了操”，根据“议决”说“议一次决”，都是错的。错误的原因就在于“体操”“议决”等词的构造跟“捕鱼”“踢球”等不同，并不是前一个音说明动作行为，后一个音说明受动作行为影响的对象。

这时李红接下去说：

现在我来谈谈第三种类型的双音动词。这种动词的构造，是前一个音说明动作行为，后一个音补充说明动作行为的结果情况。我有一次在李明健的家里，听他的爸爸说过，这种构造在汉代以前是没有的，到六朝唐代以后才开始出现，是我们祖国语文在构词方面的重大发展之一。有了这种结构，祖国语文的构造就更丰富多彩了。现在也让我来举些例子：

染成　伸出　吓到　学会　长大　压低

提高　离开　放下　扑灭　射出　说明

这种类型的动词也有一个特点，就是在两个音中间，常可以插进一个“得”或“不”来说明那种动作行为是否可能。例如：

染得（不）成　伸得（不）出　吓得（不）倒　学得（不）会

长得（不）大　压得（不）低　提得（不）高　离得（不）开

但是在这类动词里面，也有一些是中间不能插进“得”或“不”的。例如：

加强（不能说“加得（不）强”）

改善（不能说“改得（不）善”）

促进（不能说“促得（不）进”）

打消（不能说“打得（不）消”）

在这种情况下，通常就用“能”“不能”“会”“不会”“可以”“不可（以）”等放在这些动词的前面来说明。例如“加强”这个动词，可以用“能加强”“不能加强”“会加强”“不会加强”“可以加强”“不可（以）加强”来说明它的正反两面。

这时，我又接下去说：

第四种类型的结构恰好跟第三种相反：前一个音说明动作行为的情况，后一个音说明动作行为。例如：

广播　低垂　零卖　丰收　错认　乱转

前进　后退　欢呼　盛开　贪吃　严守

这一类双音动词，一般都结合得比较紧密。但是也有结合得不很紧密，可以变换第一音的。例如“错认”，有时也可以说“误认”……

还没有等我说完，周小龙对我笑一笑，就接着说：

从这类动词和第三类动词的结构中，我得到了一个新的启发。这就是其中说明动作行为的第一个音（指第四种类型）或第二个音（指第三种类型）往往可以灵活运用，扩大使用范围。例如有“前进”，还有“前驱”等；有“后退”，还有“后悔”等。有些第一个音更为常用。例如：

敢　敢笑、敢哭、敢怒、敢骂、敢打……

乱　乱说、乱动、乱奔、乱窜、乱转……

贪　贪吃、贪玩、贪看、贪睡、贪得……

瞎　瞎摸、瞎抓、瞎说、瞎猜、瞎搅……

飞　飞驰、飞奔、飞行、飞跃、飞涨……

这里，“敢”表示有胆量、有勇气去做某种行动，“乱”表示行动无秩序，“贪”表示过度的行动，“瞎”表示盲目的行动，“飞”表示高速度的行动，都各有一定的作用，同时，它们的使用范围也很广，不只限于构成一两个动词。因此我们认为，它们虽然不是动词的“词头”，恐怕也是一种构词的活用部分。再来看第三种类型的末一个音，有好些也能灵活运用，使用的范围很广。例如：

成　染成、做成、变成、说成、看成……

出　伸出、付出、显出、现出、涌出……

倒　吓倒、打倒、骂倒、推倒、压倒……

会　学会、看会、听会、写会、唱会……

掉　丢掉、打掉、涂掉、抛掉、割掉……

大　长大、放大、增大、扩大、吹大……

关于这种现象，听说第二小组的同学们也发现了。并且已在做更深入的钻研，我们在这里不多说了。现在请李明健谈谈最后一种类型吧。

于是，我又接下去说：

第五种类型就是单音动词重叠而变成的双音动词，例如“看看”“玩玩”等。这在以前已有叠音词的调查研究成绩并公布在教室里，陈老师也补充讲过一次（见《念念、想想、试试、用用》），我们也不再重复讲了。

黎老师听了我们的座谈之后说：“刚才你们所谈的内容还不错，大家是下过功夫、动过脑筋的。但是我觉得第五种类型似乎说得太简单了些。”

陈老师也说：“我同意黎老师的意见。”他并且约了李红、周小龙和我，第二天到他的宿舍里去，要和我们谈谈进一步充实汇报内容的问题。

第二天，当李红、周小龙和我跑到陈老师宿舍里的时候，看见陈老师正在读一本新出版的语法书。周小龙和我不约而同地说：“陈老师，你怎么还要学习语法呢？”

只见陈老师的浓眉毛微微向上一竖，瞧了我们一眼，笑着说：“这个问题提得很好。”接着，他又看了看李红，问李红说：“你能代我回答他们的问题吗？”

李红想了一会儿，说：“我想一定是因为陈老师对我国语文特别有研究兴趣吧。”

陈老师摇摇头，又摆摆手，叫我们在他的旁边坐下来，说：

“李明健，照你和周小龙的意思，是不是做老师的，就不再需要学习语文了？李红，照你的说法，是不是做老师的，除非对我国语文特别有研究兴趣，才需要读语法书呢？你们三个人，两个这样问，一个这样答，意思是一样的，那就是大家都认为，一般的语文老师不必再像你们学生那样认真学习语文了。这种想法其实是错误的。我们中国语文是一门极其博大精深、丰富多彩的学问，在今天这个新时代，它也跟别的许多事物一样，正在不断地发展变化；因此，作为一个新时代的语文老师，也必须不断学习，才能教好这门功课。

“‘虚心使人进步，骄傲使人落后。’在语文学习方面，也有这种情况。如果我们稍有一些知识，就骄傲自满起来，就不会再有进步了。不进步，就会落后。只有虚心的人，才会不断地要求进步，不断地获得进步。不但在学生时代，我们要紧紧记住这两句话，就是将来工作以后，甚至一辈子，也不能忘记这两句话。”

他又指着我说：“像你的爸爸，论年岁比我还大，论知识比我更多；但据我了解，他在业余时间研究中国语文比我还用功呢。可是，我昨天从你们小组的座谈当中，却嗅到了一些你们自满的气味。你们把第四种类型的动词留给第二小组去深入研究，这是一种合理的分工，是对的；可是你们对于第五种类型的动词，却认为现有的成绩已经够了，不想再进一步深入钻研了，怪不得当时黎老师就对你们提出了意见。现在我希望你们回去开一次小组会，把这个问题很好地讨论一下。”

爸爸的话

孩子，我早就警告过你，学习不能自满，但你这一次还是犯了自满的毛病；从今天的笔记里，似乎你们这个小组，有这种问题的人还不止你一个。幸亏陈老师及时对你们敲起了警钟；我想这一回，你们（特别是你！）总该重视起来了吧。

我上次只对你说不能自满，但没有提到更不能骄傲。其实骄傲和自满是紧紧相连的两种毛病，骄傲往往以自满为起点，同时又是自满发展的必然结果。因此自满的人，很少不发展成为骄傲的人。不论是谁，当他开始骄傲自满的时候，同时也必然是开始落后的时候。所以说：“骄傲使人落后。”像你们这样还年少无知的孩子，切记不要患上那种可怕的毛病啊！

现在陈老师让你们召开一次小组会，认真讨论这个问题。照我看来，这真是太有必要了。

你的爸爸

读后作业

1. 说明下列双音动词在构造上属于哪个类型：

访问　　放牧　　串门　　划分

觉得　　领导　　干活　　引进

2. 用下列双音动词造句：

进攻　　严防　　防火　　受害　　结果　　打击

十一　他们发现了词积木

——记语文课外活动的第四次大丰收

语文第二小组今天汇报了《动词构造中的词头、词尾和词积木》，由石敏华发言。石敏华是一个高个子，酱色的脸，身体很结实。他待人很和气，很爱劳动。他的家在郊外，他每天上学来回要跑好些路，刮风下雨，也从不迟到早退。他的发言内容十分精彩，陈老师认为是我们语文课外活动第四次大丰收。下面是他的发言内容：

我们在分析双音以上的动词时，除去其中一个音表示那个动词的基本意义，是整个动词的主体之外，还常常发现另有一个音是帮助说明主体部分的。这个部分，有时是词头或词尾，有时虽不是词头或词尾，但也能跟别的许多动词结合，像可以灵活搭配的积木一样。为了便于说明，我们全组同学讨论决定并经黎老师审查同意，特地给它们定个名称，叫作“词积木”。这种词积木跟一般的词头、词尾不同的地方，在于它们本来是可以独立使用的，但是结合在动词里面的时候，也仍旧保持着原有的词义。例如“能”，在说“这件事你能不能”的时候，是表示能不能干的意思；但它又可以跟别的许多动词结合起来，变成“能说”“能写”“能跑”“能跳”等双音动词，这时候，“能”就变成词积木了。黎老师说，有些语法专家认为它是“能愿动词”，这样处理太烦琐，不如当作词积木看，比较切合实际。

上次第一小组提到“敢”“乱”“贪”“瞎”“飞”五个例子，我们小组也讨论过。照我们的意见，其中的“敢”在构成“敢笑”“敢哭”“敢怒”“敢想”“敢干”等的时候，就是词积木，其余四个例子，我们还不能确定。例如“乱”，在构成“乱说”“乱动”等的时候，好像应该认为是说明“说”和“动”的性质、情况的，有些像形容词。但如果把“乱说”“乱动”作为整个的双音动词来看，说它是词积木也未始不可。

总之，词积木在中国语文的构词法上起着很大的作用。因为不但是动词，连名词、形容词等的构造中，也常能发现这种词积木。前几天，我们分析名词的构造时，那些不属于词头和词尾的活用部分，也大都是这种词积木。词积木的使用范围很广泛，是中国语文的又一特色。

现在先说动词构造中常用的词头和词尾。

在词头方面，我们又发现了六个常用的单音词头。它们是：

（一）**去** 表示行动的方向背着说话的人。

例如：她叫我到外面去玩。/他决定去找那个人。

（这里的“去”都只表示行动的方向。已经失去了“去”的原有意义。）

（二）**来** 表示行动的方向正对说话的人。

例如：他来看戏。/他来找我的妈妈。

（这里的“来”也只是表示行动的方向，已经失去了“来”的原有意义。）

（三）**该** 表示一种推测性的行动。

例如：着了凉，又该犯咳嗽啦。

（这里的“该”也已失去了原有的意义。）

（四）**得** 表示必要性的行动。

例如：不能走，也得走。/ 不懂，就得问。

（这里的“得”也已失去了原有的意义。）

（五）**要** 表示希望做某种行动。

例如：现在我要走了。/ 我要念好多的书。

（这里的“要”也已失去了原有的意义。）

（六）**直** 表示行动的持续。

例如：我的心怦怦直跳。/ 他瞅着我直乐。

（这里的“直”也已失去了原有的意义。）

在词尾，我们又发现了十一个常用的单音词尾。它们是：

（一）**了** 它在动词中有两种作用。

一种是表示行动的完成。

例如：毛主席到了工地。/ 等了一会儿。

另一种是表示行动的肯定或假定。

例如：眼看一场严重的事故就要发生了。（实际上还没有发生）/ 想扔了它吧，却又不舍得扔呢？（实际上还没扔）

（二）**见** 表示行动的到达。

例如：有人听见狗叫。

（这里的“见”不是看见的意思。说“听见”等于是说“听到”。）

（三）**得** 它在动词中也有两种作用。

一种是表示行动方面的所得。

例如：觉得有些不对头。/记得那里有个破洞。

另一种表示行动的效果。

例如：你说得对。/他做得好。

（四）**住** 表示行动效果的持续。

例如：闭住嘴。咬紧牙。/用头把它顶住。

（五）**来** 表示行动的方向正对说话的人。

例如：给自己带来不幸。/从非洲运来的鸵鸟。

（六）**去** 表示行动的方向背着说话的人。

例如：捎去一本小说。/死去的鸭子。

（七）**走** 表示行动的主体或目的物的消失。

例如：他决定明天搬走。／乌云被风卷走。

（八）**好** 表示行动的完成。

例如：把袜子补好。／没有把病治好。

（九）**出** 表示行动的趋向，向外。

例如：不许走出门口。／舰上射出强烈的探照灯光。

（十）**入（进）** 表示行动的趋向，向内。

例如：迁入新居。／王老师走进教室。

（十一）**着** 它在动词中也有两种作用。

一种表示行动的持续。

例如：礼花喷射着，爆裂着，飞舞着。

另一种表示用前一行动修饰后一行动。

例如：冒着雨走了。（“冒着雨”修饰“走”）／喘着气回答。（“喘着气”修饰“回答”）

除了上述单音的词尾，我们还发现了四个双音的词尾：

（一）**不起** 表示行动的不可能。

例如：当时爸爸念不起书。（不能说“念书不起”）/鼓不起劲儿。（不能说“鼓劲儿不起”）

（二）**得了** 表示行动的肯定。

例如：这样的活儿我也干得了。

“得了”的反面说法是“不了”。

例如：受不了啦。

（三）**起来** 表示行动的开始。

例如：大家跟着唱起来。/大口大口地喝起来。

这个词尾跟第二种类型的双音动词结合时，就得分开来说。

例如：唱起歌来。/喝起茶来。

（四）**不住** 表示行动不能持续。

例如：老牛抗不住冷，半夜里病倒了。/忍不住破口大骂起来。

现在再来说词积木。上面已经说过，词积木本来是可以独立使用的词，在跟别的动词结合之后，也还没有失去这个词的原来意义。它的特点是常能跟别的动词灵活搭配使用，甚至可以说，它跟别种动词搭配使用的机会，比它自身被独立使用的机会还要多些。

放在动词前面的词积木，除上面提到的“敢”之外，主要还有：

（一）**发** 表示行动的发生、发作。

例如：发愁、发呆、发怒、发愣

（二）**能** 表示有能力做某种行动。

例如：能说、能写、能跑、能跳（它的反面说法是“不能”）

（三）**可能** 表示估计有某种行动。

例如：可能来、可能在家（它的反面说法是“未必”）

（四）**应该（应当）** 表示行动的合理。

例如：应该做、应当承认（反面的说法是“不该”或“不应”）

（五）**须（须要）** 表示行动的必要性。

例如：须（要）遵守、须（要）答复

（六）**必须** 表示行动的最大必要性。

例如：必须驳斥、必须承担（它的反面说法是“不必”）

（七）**何必** 表示不承认行动的必要性。

例如：何必哭、何必听他

（八）**愿（愿意）** 表示愿意行动。

例如：愿（意）服从分配（它的反面说法是“不愿”）

放在动词后面的词积木，主要有下列几种：

（一）**过** 有两种作用。

一种表示行动的完成。

例如：吃过早饭。/走过校门。

另一种表示过去曾经做过的行动。

例如：去年在那里玩过一次。/我的笔你见过没有?

（二）**到** 表示行动的到达。

例如：想到那件事。/学到了一种本领。

（三）**遍** 表示行动效果的普遍性。

例如：消息传遍了工地。/杜鹃花开遍了山野。

（四）**掉** 表示行动的对象的消失。

例如：改掉坏习气。/摘掉文盲的帽子。

（五）**尽** 表示行动的终结。

例如：想尽方法。/流尽最后一滴血。

（六）**成** 表示行动的完成。

例如：珍珠缀成的首饰。/鲜血染成的红旗。

（七）**下** 表示行动的趋向，向下。

例如：扔下筷子。/结下深仇大恨。

它的反面说法就是“上”。

例如：踏上讲台。/ 爬上山顶。

（八）**开** 表示行动的结果使对象分散。

例如：搬开桌子。/ 掀开锅盖。

（九）**在** 表示行动到达的地点。

例如：钉在墙上。/ 站在河边。

（十）**起** 表示行动的对象出现。

例如：提起红军。/ 架起浮桥。

（十一）**向（往）** 表示行动的趋向。

例如：通向城里。/ 开往前线。

（十二）**给** 表示行动的过渡。

例如：把笔交给他。/ 把鸡蛋送给亲人。

（十三）**进去** 表示行动是向内进展，背着说话的人。

例如：钻进去。/ 放进去。

它的反面说法是“进来”。

例如：伸进来。／闯进来。

（十四）**出去** 表示行动是向外进展，背着说话的人。

例如：逃出去。／跟出去。

它的反面说法是“出来”。

例如：哭出来。／跳出来。

（十五）**下去** 有两种作用。

一种是表示行动的继续。

例如：坚持学下去。／一直钻探下去。

另一种是表示行动是向下进展，背着说话的人。

例如：船沉下去。／掉下去很危险。

它的反面说法是“下来”。

例如：吊下来一桶水。／成熟的杏子掉下来。

（十六）**上来** 表示行动是向上进展，向着说话的人。

例如：包围上来。/跟上来一群孩子。

它的反面说法是“上去”。

例如：爬上去。/望上去。

（十七）**回来** 表示行动是回返，向着说话的人。

例如：走回来。/飞回来。

它的反面说法是“回去”。

例如：缩回去。/退回去。

（十八）**过来** 表示行动是向说话的人进展。

例如：一个浪头打过来。/火车飞驰过来。

它的反面说法是“过去”。

例如：把绳子扔过去。/河水缓缓地流过去。

以上每个词积木，活用的范围是很广的。既可以跟单音动词结合，也可以跟双音动词结合。有时双音动词跟双音词积木结合在一起，就成了一个四音动词。例如“火车在窗外飞驰过去”，其中的“飞驰过去”就是四音动词。

报告完了，陈老师又接着讲了下面的话：

关于词积木，你们上次在研究名词构造的时候已经提到过；这一次第二小组针对这个问题进一步做了调查研究，提出了自己的看法，还给它定了词积木的名词，可以说是既能辛勤劳动，又能开动脑筋而且大胆设想的结果。我们学习语文的态度正应该这样。过去大家就是在开动脑筋方面还做得不够。现在第二小组在黎老师的领导之下，给我们树立了一个榜样，我们都应该向他们学习。

词积木在中国语文的构词法上，的确是一个极重要的特点。中国语文在构词法方面，常可以把一些构词部分像积木一样地去搭配别的词，表示一种特定的意义。这是一种十分机动灵活的构词方法。其实词头和词尾也是词积木，不过这两种词积木的地位比较固定，才叫它词头和词尾。有些语文专家，依照外国语文的习惯，把它们称为“能愿动词”啦，“助动词”啦，“动词附加语”啦，既然它们是动词的附加语，可见它们的确不是动词，现在我们总称它们是动词的词积木，是简明扼要的办法。我完全赞同你们这一个大胆的设想和创造！

读后作业

1. 说明词积木跟词头、词尾有什么不同。

2. 指出下列文句中所有的词积木：

蔬菜年年增产，两个种菜人的友谊也天天加深。这两位老人白天在一起劳动，晚上在一起睡觉；挣来的钱放在一起花，买来的粮食放在一起吃。一个蒙古族人，一个汉族人，竟变成了一家人。

十二　动词在语文中活跃的情况

——记语文课外活动的第五次大丰收

今天，第三小组汇报了动词在语文中活跃的情况。他们在欧阳老师的帮助下，采用了一种新的汇报方式。这种方式不是自始至终只由一个同学发言，而是由全组同学按照汇报内容的先后顺序依次发言。这样，汇报的人既不太累，听汇报的人也不致感觉老是听一个人在那里说话，觉得乏味。他们汇报的内容也很充实，大大超过了我们一组的工作成绩，下面记的就是他们的发言情况。

先是周秀英汇报动词在语文中的作用。她说：

动词是说明各种事物的存在情况或动作行为的词类。在说明这些情况时，通常都要使用恰好符合这些情况的动词。例如：

（一）牡丹花开了。

（二）电影院的灯熄了。

（三）妈妈上班去了。

（四）爸爸兴奋地接受了领导交给他的任务。

上面四句话里加点的地方都是动词。用了这些动词，才能说明牡丹花、电影院的灯、妈妈和爸爸的各种情况。同时，在这四句话里我们又可以看到，为了说明这些情况，有时单用一个动词还不够；除了动词，还得说明跟这个动词有关的事物。例如第四句的动词是“接受了”，但是如果单说“爸爸接受了”，别人就不知道他接受了什么；因此在这句话里，就有必要把“领导交给他的任务”一起说明。

动词在语文中是非常活跃的。在中国的语文里，一个动词能够单独起作用，也能集合两个以上的动词共同起作用。上次第二小组的汇报，曾经说到利用“着”的词尾来说明前后两种行动，让前一种行动来修饰后一种行动，例如“冒着雨走了”“喘着气回答”。从这两个例子里，我们就可以了解，动词是可以连续使用的。通常我们在谈话中，甚至不利用“着”，也可以把两个关联的动词连起来使用。例如：

拜年·问好　（例）春节里，人们互相拜年问好。

出门·干活　（例）他每天出门干活，难得在家。

招手·说话　（例）许多送行的人跟旅客们招手说话。

培养·教育　（例）国家培养教育年轻的下一代。

调查·研究　（例）我们这几天都在调查研究动词的构造。

抬头·一看　（例）抬头一看老师，见老师正在对我微笑。

更有连续使用好些动词的。例如：

在抗日战争时，我们村里遭受过敌人的烧、杀、抢、掠。

在连续使用两个动词的时候，说明前一个行动的动词，应该放在前面；说明后一个行动的动词，应该放在后面。如果要说明两个行动不分先后，同时在进行，除了可以采用“冒着雨走了”“喘着气回答”的句式，还可以采用下列几种句式：

一面……一面…… （例）他一面洗脸，一面回答妈妈。

一边……一边…… （例）小朱一边走，一边想。

后一种也可以精简成下列的句式：

边……边…… （例）边整边改、边说边笑

还可以利用下列的句式：

随……随…… （例）随到随送、随听随忘

有时两种行动有先后因果的关系，在说明的时候常用“一……就……”的句式。例如：

伤势很重，一动就觉得刀割一样的痛。

这篇文章，我一看就知道是他写的。

有时连续使用的两个动词，是表示后一个行动是前一个行动的对象。例如：

欢迎·参观 （例）门上四个红色大字，写着“欢迎参观”。

（“参观”是前一个行动“欢迎”的对象）

反对·侵略 （例）这是反对侵略的正义战争。

（“侵略”是前一个行动“反对”的对象）

接受·批评 （例）他虚心地接受批评。

（“批评”是前一个行动“接受”的对象）

申请·加入 （例）刘胡兰申请加入中国共产党。

（“加入”是前一行动“申请”的对象）

接着，杨华汇报动词跟时间性词尾等的关系。他说：

各种行动跟时间有很密切的关系。动词为了表明行动的时间性，常在后面加上“了”“着”“起来”“下去”等词尾或词积木。

表示行动已经完成或过去时，动词的后面常接“了”“过”“成”“好”等词尾或词积木。例如：

昨天晚上，我们离开了枣园。（“了”表示行动的完成）

那里是毛主席住过的地方。（“过”表示行动已成为过去）

他已记住很多的新词。（“住”表示行动的完成）

她把衣服卷成枕头，睡了。（“成”表示行动的完成）

妈妈把裤子补好。（“好”表示行动的完成）

表示行动正在进行或继续时，动词的后面常接“着”“下去”等词尾或词积木。例如：

他定睛望着主席的相片。（“着”表示行动的进行和继续）

只要这样学下去就好。（“下去”表示行动的继续）

有“着”的词尾的动词，还可以重叠使用，表示行动的重复进行。例如：

他说着说着，忍不住哭起来了。

只顾着向前走着走着，忽然失足跌到坑里去了。

表示行动的开始时，动词的后面常用词积木“起来”。例如：

大家跟着唱起来。

他拿着冷开水大口大口地喝起来。

但在说明经常性、命令性、可能性和否定性的行动时，动词的后面一般不接时间性的词尾或词积木。例如：

花开花落。（“开”和“落”在这里是经常性的）

车辆慢行。（“行”在这里是命令性的）

明晚演话剧。（“演”在这里说明可能性）

我不喝酒。（“不喝”是否定性的）

等杨华发言完毕，朱光又接着汇报一批意义相似但实际上又有区别的常用双音动词。他说：

本学期刚开始时，陈老师为了鼓励我们努力使用新词说话写话，教我们坚决反对做胆小鬼。通过坚决反对做胆小鬼的活动，现在我们已经大量掌握了学到的新词。

巧得很，昨天欧阳老师因为我们对一些意义大体相似但实际上又有区别的动词，不愿细心学习，不做仔细比较，有一种怕麻烦的坏习气，因此又鼓励我们掀起了一个做“细心人”的活动。现在这个活动也已在我们的小组里展开了，我们希望别组的同学也搞起来！

欧阳老师说，为了正确了解和使用每个动词，我们有必要做一个细心人，一方面努力多读书报，尽量吸收新词；另一方面又必须把一些意义相似的词汇集在一起，仔细地加以比较，认识它们之间的区别，使它们能被我们充分掌握、正确运用。

例如我们在学习时，从“节约资金”中学到了一个“节约”的动词，再一查以前学到的动词卡片中，有一张“节省”的卡片，它的用例是“节省费用”。这时候，我们就会觉得“节省”和“节约”两个动词意义很相似。于是我们要问一问：它们之间究竟有没有区别呢？为什么说“节约资金”，不说“节省资金”呢？为什么说“节省费用”，不说“节约费用”呢？经过仔细地比较区别，并且查字典、问老师、请教同学，我们终于明白了“节约”是“浪费”的反面，它的意义是该用的用，不该用的省下不用。而“节省”只是着重说明这个“省”，该用的也不用，也叫“节省”。这样，我们就找出这两个动词的差别来了；明白了意义的差别，我们也就知道应该怎样使用它们了。

现在再举一些例子，并提出我们小组的想法和看法，供大家参考：

“强调”和“夸大”

这两个动词的意义是否相同？有没有差别？我们认为，“强调”这个动词是指特别用力说明事物的一部分。“强调”应该看需要，有需要时就应该这样做。同时“强调”必须符合实际情况，要有分寸；如果超过了实际情况，那就变成了“过分强调”，等于“夸大”了。“夸大”是不好的。跟“夸大”意义相似的，还有一个“夸张”。照我们的体会，“夸张”限于说正面的事物，过分强调缺点或困难说“夸大”，不说“夸张”。

“调整”和“调节”

这两个动词的意义是否相同？有没有差别？“调整工资”能不能说“调节工资”？“调节资金”能不能说“调整资金”？照我们的理解，这两个动词都表示改变事物情况，使它正常合理；但其中也有差别：“调整”还含有整顿的意思，“调节”则含有节制的意思。

“扩大”和“扩充”

“扩大”和“扩充”都是说放大事物的范围，但“扩充”还照顾事物的内容。例如我国今年播种棉花的土地比去年增加了，这是“扩大”植棉耕地的面积。文化馆的工作人员增加了，机构放大了，这是“扩充”组织。“扩大”的反面是“缩小”，“扩充”的反面是“精简”。

“支持”和“支援”

“支持”和“支援”都有帮助人的意思。对别人的意见或主张，常用“支持”，不说“支援”。“支援”是精神和物质两方面的帮助，例如“支援前线”。“支持”也常指自己在肉体、精神上的支撑。

“消灭”和“消除”

“消灭”的语气比“消除”强。“消灭敌人”“消灭贪污现象”都说“消灭”。“消除误会”“消除成见”都说“消除”。

“把握”和“掌握”

对工作有信心，有办法，叫“有把握”；抓住机会，不让其错过，叫“把握机会”。了解事物，运用事物，叫“掌握”，例如“掌握政策”。

“保障”和“保证”

使正当的利益、权利不受侵犯或损害，叫“保障”。担保能完成任务，使工作成绩或产品符合一定的水平，叫“保证”。

“抵制”和“抵抗”

设法使对方的行动失去作用，叫“抵制”。用自己的力量战胜对方的力量，叫“抵抗”。

“发达”和“发展”

事物的兴旺、繁荣，叫“发达”。例如“科学发达”“交通发达”。事物的进展变化叫“发展”，例如“形势在向有利方面发展”。

“熟习”和“熟悉”

学会了知识、技能，达到熟练的程度，叫“熟习”。充分了解事物，叫“熟悉”。

“发挥”和“发扬”

把内在的力量使用出来，叫“发挥”，例如“发挥潜力”。“发扬”是指在一定基础上的扩大，例如“发扬优点”。

“改革”和“改造”

使事物发生根本变化，叫“改革”，通常都指一些大事（例如“土地改革”）。“改造”可以用于大事件上（例如“社会主义改造”），也可以用于个别事物上（例如“把手摇缝纫机改造成脚踏缝纫机”）。

以上所举的不过是一部分常见的例子。如果能长期搜集起来，数量一定很多，值得我们很好地学习的。

最后，由张平汇报动词在使用时应该注意的地方。他说：

首先，动词在使用的时候，应该照顾到受行动影响的对象，如果对象不止一个，常会发生一个动词不能全面照顾的毛病。例如：

（一）敌人在那边埋了许多地雷和三道防线。

（二）我们冒着蒙蒙的细雨和泥泞的道路前进。

第一句中，对于“地雷”，我们可以说“埋了”，但是对于“防线”，就不能也说“埋了”。第二句中，对于“蒙蒙的细雨”，我们可以说“冒着”，但是对于“泥泞的道路”，却不能也说“冒着”；因此，第一句中的“埋了”，第二句中的“冒着”，都只照顾到每句的第一个对象，没有照顾到第二个对象；就动词跟第二个对象来说，造成了张冠李戴的毛病。

其次，在使用动词的时候，应该像使用别种词类一样，看是不是用得恰当，是否正确表示了自己的立场。陈老师给我们讲过一个故事，说在一九一九年，当侵犯苏俄的英国军舰打了败仗，狼狈逃跑时，有人报告斯大林，说：“英国船撤退了。”当时斯大林就点头微笑道：“唔，应该说是逃跑了！”为什么斯大林要这样说呢？因为“撤退”和“逃跑”虽然是指同一件事，同一只船，但是按照当时的情况，敌舰显然是打了败仗才跑的，况且又是敌人的船。既然是敌人的船逃跑，为什么不明明白白地说它是“逃跑”，反而去用不恰当的、立场不明的“撤退”呢？

此外，在写作时，还要留心那些必不可省的动词。决不能随便省略不用。例如：

日本731部队在侵略我国东北时，进行过破坏人类文明和正义的细菌战。

在这句话里，动词“破坏”的对象，原指“人类文明和正义”，可是因为这个句子的构造不严密，很容易使人误解“破坏”的只是“人类文明”，而“正义的”这个词好像是在形容“细菌战”似的。野蛮的细菌战，怎能说它是“正义的”的？因此这句话应该改为：

日本731部队在侵略我国东北时，进行过破坏人类文明和违反正义的细菌战。

今天，我们第一组已经认真讨论了陈老师对我们自满情绪的批评和指示，决心在今后要努力工作，尽力补充原有汇报的内容。

正像陈老师说的那样，关于叠音动词，果然又被我们发现了一个新的情况。

单音动词的重叠一般都表示行动的时间不长。例如“看看”，就是“看一看”的意思。但是像“恨得人牙痒痒”这句话里，“痒痒”却不是“痒一痒”的意思，而是用“痒”的重复来表示一种强调，隐含着“恨得咬牙切齿”的引申意义。这种情况在双音动词的重叠中更为明显。例如：

我们在山上说说笑笑、跑跑跳跳，玩了大半天。

这里的“说说笑笑”和“跑跑跳跳”也绝不是“说一说，笑一笑”和“跑一跑，跳一跳”的意思，而是表示这些行动的重复和强调。

这一点很重要，我们已决定把它补充在原来的汇报中。

爸爸的话

今天我在景山公园里看牡丹。牡丹是我国极有名的花，每年在这个时候盛开，这几天吸引了许多游人前去观赏。这种花的特点是花朵大、颜色美、香味浓、品种多。其中重要的品种，有姚黄、魏紫、赵粉、娇红、白玉、百花妒、朱砂红、酒醉杨妃、一品朱衣等，真是好看极了。

每个品种，外行人要看了那株牡丹上面所挂的小木牌，才知道它的名称，内行的人却不看木牌也认识。不但如此，而且有不少外行人连牡丹跟芍药有什么区别也不知道哩。

我因此想到了我们学习动词，可不能像外行人看花一样，应该像欧阳老师说的那样，做一个细心人，仔细认识动词跟动词之间的大同小异，了解它们的意义和用法，才能很好地掌握它们。只有细心人，才可能变成内行人！

你的爸爸

读后作业

用下列动词造句：

夸大　　夸张　　调整　　调节　　消灭　　消除

十三　五光十色、万紫千红的形容词

——形容词大花园初探记

正当我们校园里的花万紫千红地盛开的时节，我们语文小组的全体同学，跟陈老师第一次探望了汉语形容词的大花园，看到了许多五光十色、丰富多彩的形容词，看得我们眼花缭乱、目瞪口呆。这个大花园不是别的，原来是陈老师的一本很厚的形容词笔记本。

那一天，我们约好了到陈老师的宿舍里玩，见陈老师宿舍的窗外繁花如锦、蜂蝶乱舞，一阵阵“嗡嗡嗡”的声音夹着一阵阵的花香，不断地向窗口扑来。陈老师一边打开了他的本子给我们看，一边说：“形容词的丰富多彩，的确是中国语文的又一特色。我们不要忙乱，要耐心地、细致地欣赏它们，认真地学习它们，并且练习使用它们。”

为了使我们都能很好地掌握形容词，陈老师又把全班同学重新编成了五个语文小组（称为新一组、新二组直到新五组），请黎老师领导一个小组，欧阳老师和他自己分头领导了两个小组，积极展开了语文课外活动。陈老师动员我们从各方面去搜集形容词，甚至把搜集的范围扩大到平日的谈话，从谈话中注意搜集形容词。

原来形容词常是正反两面一对一对地存在着的。当我们发现了这个现象之后，我们就采用了这样一个办法：见到了一个形容词，就去追问它的反面形容词是什么；如果先知道的是反面形容词，就去追查它的正面形容词。结果，被追查的那个形容词最终总是会被我们找出来，真是有趣得很。现在，把我们已经发现的、正反两面对立的单音形容词写在下面：

大（大树）——小（小鸡）　高（高跷）——低（低地）

长（长城）——短（短命）　粗（粗粮）——细（细账）

远（远景）——近（近郊）　阔（阔嘴）——狭（狭路）

厚（厚礼）——薄（薄纸）　深（深山）——浅（浅滩）

多（多数）——少（少年）　横（横线）——直（直肠）

明（明月）——暗（暗夜）　黑（黑夜）——白（白天）

红（红军）——绿（绿洲）　偏（偏见）——正（正解）

硬（硬壳）——软（软缎）　重（重担）——轻（轻烟）

快（快艇）——慢（慢车）　干（干粮）——湿（湿布）

浓（浓茶）——淡（淡水）　糙（糙米）——滑（滑石）

疏（疏影）——密（密度）　热（热潮）——冷（冷汗）

动（动物）——静（静夜）　好（好人）——坏（坏蛋）

真（真相）——假（假意）　早（早晨）——晚（晚会）

生（生客）——熟（熟人）　寒（寒流）——暖（暖壶）

新（新衣）——旧（旧书）　贵（贵宾）——贱（贱物）

公（公路）——私（私信）　难（难关）——易（易事）

温（温水）——凉（凉风）　甜（甜味）——苦（苦水）

忙（忙人）——闲（闲事）　肥（肥料）——瘦（瘦骨）

老（老人）——小（小孩）　美（美景）——丑（丑态）

善（善意）——恶（恶狗）　活（活水）——死（死路）

整（整体）——零（零件）　先（先锋）——后（后盾）

晴（晴日）——阴（阴谋）　古（古迹）——今（今年）

上（上风）——下（下游）　外（外交）——内（内政）

单音形容词常含有词积木的性质，从上面所举的例子中就可以看出这种现象。例如，有“大”的词，绝不止一个“大树”，而是有许许多多。因此我们认为，在单音形容词加了“的”使用的时候（例如“长的竹竿”“方的桌子”等），它们是形容词；当它们不加“的”而跟被形容的名词结合在一起时，原来的形容词就具有词积木的性质了。

下面是正反两面对立的双音形容词：

光明——黑暗	正确——错误	危险——安全
强壮——衰弱	稠密——稀薄	旺盛——衰败
热闹——冷落	清洁——肮脏	普通——特殊
简单——复杂	永久——暂时	困难——容易
公开——秘密	美好——丑恶	聪明——愚笨
灵活——呆板	谦虚——骄傲	小心——大意
勇敢——怯懦	文明——野蛮	简朴——奢侈
灵敏——迟钝	快乐——悲哀	肥沃——瘦瘠
强大——弱小	进步——落后	保守——进取
贫困——富裕	无心——故意	勤恳——懒惰
紧张——松弛	坚强——脆弱	柔软——坚硬
模糊——清晰	高贵——卑贱	集中——分散

在陈老师的笔记本里，还记着不少色彩方面的形容词，不但有红、黄、绿、蓝等等的单音词，而且还记着这些单音词所“开”的“花”。下面是摘抄的一部分：

红　大红、淡红、深红、桃红、鲜红、猩红、粉红、血红、桔红、胭脂红、玫瑰红

黄　淡黄、嫩黄、橙黄、乳黄、焦黄、米黄、杏黄、赭黄、鹅黄、土黄、金黄、蜜黄、蜡黄

绿　淡绿、浓绿、深绿、墨绿、草绿、翠绿、碧绿、苹果绿

蓝　天蓝、蔚蓝、深蓝、浅蓝

青　蛋青、靛青、铁青、天青、藏青

紫　酱紫、茄紫

白　灰白、雪白、乳白、苍白、惨白、月白、银白、鱼肚白

灰　银灰、铁灰、深灰、浅灰

黑　灰黑、黝黑、乌黑、漆黑、墨黑

这里值得注意的是，像“桃红”“血红”“胭脂红”“玫瑰红”等，都是用具体的东西作比方来说明各种红色的。

这种说法，陈老师认为不但能更正确地说明“红”的深浅程度，而且给人的印象也比较鲜明。因此，另有一种色彩方面的形容词，干脆就用具体的东西名称来代表了。例如：

金色、银色、土色、栗色、粉色、茶色、菜色、酱色、藕色、咖啡色、橄榄色、朱砂色、蔷薇色

陈老师的笔记本里还记着形容词中也有许多叠音的说法，叠音的形容词能加强形容的效果。例如：

小小的船　蓝蓝的天
高高的楼房　圆圆的脸蛋
滚滚的江水　茫茫的烟树
长长的走廊　深深的海底

也有先让一个单音形容词前缀，后面再加两个叠音的。例如：

白茫茫的雾　绿油油的菜
黑沉沉的夜　红通通的脸

孤零零的老人　灰溜溜的神色

香喷喷的花朵　圆溜溜的眼珠

也有全部四音的形容词，两两重叠。例如：

大大小小的鸭子　密密层层的树林

结结实实、平平整整的新草鞋

零零落落、破破烂烂的旧家具

也有四音相间重叠的形容词。例如：

贼亮贼亮的刀　碧绿碧绿的瓜

当我们发现形容词有这么多的叠音形式时，真是高兴极了，大家争先恐后，把那些材料抄录在自己的笔记本上，并且下决心以后自己也要继续搜集。当时陈老师还对我们说，如果我们语文课外活动积累了一定的成绩，打算在本学期期末前举行一次成绩展览会，希望我们继续努力。

我们已经初步看到了形容词百花园里的奇景，同学们都想好好地认识它们、学习它们。因此陈老师、黎老师和欧阳老师，这几天都忙着指导我们新编的五个小组，积极展开了调查研究的活动。

读后作业

试就下列形容词写出它们的反面形容词：

正——（　　）	多——（　　）
苦——（　　）	冷——（　　）
充实——（　　）	老实——（　　）
懊恼——（　　）	忙碌——（　　）

十四　形容词的构造和活用

——记语文课外活动的第六次大丰收

为了争取语文课外活动成绩展览会的举行，新成立的五个小组都积极行动起来了，人人脸上洋溢着兴奋的神情，好像要办一件大喜事一样。图书室里借书的同学更拥挤了，读报的同学也更多了，大家都想从这些书报中找到自己要搜集的资料，以便努力钻研，让课外活动小组能尽量做出值得展览的成绩来。

昨天下午，陈老师又请新华书店的售货员叔叔送来了大批关于语文知识的新书。这样一来，大家的活动劲头就更大了！

可是，新二组因为有两个同学请了病假，工作显得有些紧张。还有新四组和新五组，人力也似乎比较单薄。黄立、张平和我发现了这些情况，马上向李红和陈老师反映，并表示愿意主动去支援他们工作。陈老师考虑之后，就同意我们每个人去支援一个组。

下面就是我协助新二组拟成的《关于形容词的构造、作用和用法》的初稿。全稿的开头写到：

就形容词的构造来看，有单音形容词，也有两音以上的多音形容词。单音形容词有“大”“小”“多”“少”等，多音形容词中，数量最多的是双音形容词，例如“繁荣”“富强”“幸福”“光明”等。在一般情况中，为了正确说明各种事物的性质、数量和程度，往往不仅使用个别的形容词，而且还把各种形容词装上词头、词尾或词积木来用，或者结合另一种形容词来用。

例如“敬爱的领袖”“新奇的创造”“普通的士兵”“响亮的口号”等，从使用形容词的角度来看，都还只是一种简单的说法。除此之外，我们常会碰到一些比较复杂的运用。例如“很远的地方”，就不只是简单说“远”，而是“很远”；“最脏的部分”，就不是说“脏”，而是“最脏”。因此“敬爱的领袖”为了要更进一步说明“敬爱”的程度，还可以说成“最敬爱的领袖”；“新奇的创造”，必要时也可以说“很新奇的创造”。这里的“很”，就是另一种形容词（这种形容词不是直接形容事物，而是形容形容词）。

这样一来，每个形容词就都有了多种多样的说法了；看我们需要怎样说，就可以怎样说，例如：

远　　不远、真远、很远、更远、最远、十分远、非常远、远极了、远得很

光荣　　不光荣、真光荣、很光荣、更光荣、最光荣、十分光荣、非常光荣、光荣极了、光荣得很

这里面“远极了”的“极了”和“远得很”的“得很”，也是形容词的词尾。

接着，我又写下了把别种词类当作形容词使用的方法：

除了一般的形容词，名词和动词等也常常可以当作形容词来使用，例如：

（一）名词变成的形容词：

春天的消息　祖国的心脏　初夏的垂柳

秋夜的寒风　节日的礼花　宇宙的秘密

（二）动词变成的形容词：

受伤的马　盛开的花　新买的图书

捕鱼的船　蹬三轮的人　屠杀人民的刽子手

（三）代词（指代名词的词）变成的形容词：

她的脸　您的学生　他的理想　我们的好领袖

这样的官吏　那样的武器　什么阶级说什么话

（四）数量词变成的形容词：

十幢大楼　一棵小草　四个星期　一百多株向日葵

十四亿人民的心　十万红军的生命

一般的形容词，使用时常在后面加个词尾“的”。但数量词变成的形容词，后面常可以不加。

再接下去，稿子进一步写下了形容词的各种活用方法：

任何一种事物，常可以用不止一个的形容词来形容它。例如“干硬的面包”，“干”和“硬”就是两个形容词；“远大的目光”，“远”和“大”也是两个形容词。又如“高大的老槐树”，“老”和“高”“大”算在一起，就是三个形容词了。再看下面的例子：

（一）粗的细的树干（“粗的”和“细的”是两个形容词）

（二）漫长的寒冷的冬天（“漫长的”和“寒冷的”是两个形容词）

（三）壮丽雄伟的宫殿（“壮丽”和“雄伟”两个形容词，合用一个“的”）

（四）最大最好的甜瓜（“最大”和“最好”两个形容词，合用一个“的”）

（五）宽广美丽的土地（“宽广”和“美丽”两个形容词，合用一个“的”）

（六）美丽而幸福的夜晚（用“而”连接“美丽”和“幸福”，再合用一个“的”）

（七）真正的水兵，坚强勇敢（“坚强”和“勇敢”放在后面说，不用“的”）

从以上的例子里，我们可以看到形容词的不同的用法：

一种是把两个有“的”的形容词连续说出（例一、二）。

一种是把两个形容词连续说出，后面合用一个“的”（例三、四、五）。

一种是在两个形容词中间用一个“而”连接起来，后面再合用一个“的”（例六）。

一种是把两个形容词放到被形容的事物后面去说，后面不用“的”（例七）。

记住了这些不同的句式和形容词的用法，对我们学习说话和写作，都有帮助。

形容词一般都是放在被形容的事物前面说的。但是有时候也可以放到这些事物的后面去说。这一点除了上面的七例，还可以举出不少：

（一）天气晴朗　太阳暖和　身材矮小

力量强大　石壁又高又陡　队伍又整齐又精神

（二）场内空空的　天气阴沉沉的

脸上热乎乎的　太阳暖洋洋的

（三）夜很静　风很大　树木很多

口气很硬　我觉得他很亲切，很和蔼

（四）天快黑了　风浪太大了　生活更好了

他累极了　我气极了　这地方危险极了

（五）这匹马真雄健　他的手艺真好

事情可真不少　帽子的颜色可真蓝

（六）牛那样高大　松鼠那样矮小

枫叶像火一样红　心肠比狼还凶恶

上例第一式中，“天气晴朗”跟“晴朗的天气”有些不同。“天气晴朗”是一句完整的话，“晴朗的天气”却只能算半句话，语气还没有完。

第二式跟第一式大体相似，但在句末多了一个“的”。这个“的”表示肯定全句的意义，不是形容词的词尾。因此，“场内空空的”显然不等于“空空的场内”。

第三式常用一个“很”，这个“很”原有强调后面那个形容词的作用。例如“很静”，是指比平常的“静”还静；可是，后来由于人们经常随便滥用了这个“很”，在没有“很”的必要时，也爱那么“很”一下。结果，“很”的原有作用便逐渐消失了，你说“很静”，别人就只当一般的“静”来体会了。除非你改说“十分静”“分外静”“非常静”“特别静”“异乎寻常的静”等，别人才能体会到你要表达的意思。

第四式常用一个“了”。这个“了”也表示肯定全句的意义。“天快黑了”，其实那时还没有黑，而是说将黑未黑，“了”是肯定这一情况。

第五式常用一个“真”。这个“真”也表示肯定。但它所肯定的，只限于后面形容词的意义。

第六式是一种比方（例如“牛那样高大”）或比较（例如“比狼还凶恶”）的说法，目的也在说明多种事物的性质或程度，特别是程度一方面。

这样看来，要说明一件事物的性质、数量或程度时，不但可以运用各种现成的形容词，而且还可以把各种名词、动词等变成形容词来使用，来达到我们的目的。

最后，稿子也写下了各种意义相似但其实却有区别的常用形容词：

形容词也跟动词一样，有好些意义相似但其实却有区别的形容词。在使用的时候，应该用得很恰当，不能随便乱用。而要想使用得恰当，首先应该在平时仔细体会它们之间的区别，比较它们的异同。举例说明如下：

“伟大”和“巨大”

照字面来看，这两个形容词的意义差不多；可是在实际使用时，却有很大的区别。“伟大”所指的“大”，范围很广；除了有形物质方面，还包括无形的精神方面。“巨大”所指的“大”，只限事物本体的大小。因而我们说“伟大的理想”“伟大的领袖”；说“巨大的建筑物”“巨大的鲸鱼”，却不能互相通用。

“明白”和“明确”

“明白”是说“清楚”，“明确”比“明白”更进一层，表示又明白，又肯定。例如：事情的真相越来越明白了、我们学习的目的是很明确的。

“繁荣”和“繁华”

“繁荣”是说国民经济发展，人民的物质、文化生活提高等；“繁华”是指城市的热闹、商业的兴盛。例如：繁荣幸福的社会主义国家、繁华的大街。

“猛烈”“激烈”和“剧烈”

“猛烈”通常指风、火等发展的气势和力量，“激烈”常指人们互相对抗、斗争的行动。例如：火势猛烈、战斗激烈。“剧烈”的意义和“猛烈”相似，但“剧烈”着重说厉害，跟气势无关。例如：剧烈的疼痛、剧烈的运动。

“和平”和“平和”

“和平”是指没有侵略战争。“平和”是指事物的性质温和，例如：保卫和平、药性平和。

双音形容词为什么也跟双音动词那样，有意义大体相似而实际上又有区别的情况呢？这也跟它们的构造有关系。原来一般的双音形容词，它们的构造往往采取前后两个音意义相近的形式。例如：

光明　美丽　伟大　丰富　缺少　多余

足够　广大　狭窄　兴旺　完整　零碎

其中的“光”和“明”、“美”和“丽”、“伟”和“大”、“丰”和“富”等，意义都很近似。但是意义相近的双音词，并不是天生一对，只有两种音的。例如“光明”由“光”和“明”结合而成，但是这种结合，也可以由别的类似的单音来完成，“光”也可跟“辉”结合而成“光辉”，“明”也可跟“亮”结合而成“明亮”。像这样形成的双音形容词，它们的意义就往往在大同之中有小异了。

把草稿写成之后，我跟新二组的组长石敏华和陶小珍在校园里散步。石敏华说：“你这一次帮助我们完成了展览品的准备工作，工作得那么认真负责，使我们很受感动。组里好些同学都在说，一定要向你这种乐于帮助别人的精神学习。”

我连忙回答：“这本来是大家的事嘛。你们别客气了。”嘴里虽是这样说，可是我的心里却还是有些小得意。过了一会儿，陶小珍说：

“哦，我想起来了。昨天我们看了你们一组的展览品，其中有谈到各种色彩的形容词的，我觉得还可以补充一些。”

“对，我也想到两个，似乎你们可考虑补充进去。”石敏华也跟着说。

我忙从口袋里掏出笔记本，一面听她们说，一面就记了下来。原来是：

青莲色　　豆沙色　　象牙色　　猪肝色

当我记完这些词后，就想到刚才自己那种得意的感觉真是不该有，认识到我们自己所做的工作还并不完美，也需要别组的同学帮助。而今天接受我们帮助的同学也并非就没有帮助别组的能力！

通过这次工作，我跟石敏华也成了好朋友。石敏华还约我在暑假里到他家里去玩。他说他家里养了不少兔子，准备送我一对小兔，让我暑假里到他家里去挑选。我听了以后，心里很高兴。

爸爸的话

好孩子，今天你对石敏华和陶小珍的态度，比以前已有些进步了。读了你笔记的末一段，使我感到你当时的思想波动，正好证明“虚心使人进步”这句话是多么正确啊！你想，如果你当时不能虚心向他们求教，怎么能知道另外的四种颜色的名称，去充实你们一组的展览品呢？以后要永远记住这句名言，努力往这个正确的方向前进！

你的爸爸

读后作业

1. 指出下列文章中的形容词，并说明它们是怎样构成的：

小布头坐在二娃身边。看看桌上的小煤油灯，觉得挺新鲜。小煤油灯有一个玻璃罩子，罩子中间的一股火苗，一跳一跳的，挺好玩！

……

不知从什么时候开始，又飘起鹅毛一样的大雪来。雪花也像别的花一样，有一股很好闻的香味，一种清清的、淡淡的香味。

2. 试用下列形容词造句：

广阔　　宽大　　英勇　　英明　　美好

美妙　　苦痛　　苦闷　　悲伤　　悲惨

十五　形容词的特征：词尾

——记语文课外活动的第七次大丰收

新三组的展览成绩也已准备完成了。今天下午，我和黄立在陈老师的办公桌上读到他们所写的一份材料（他们的分工是调查研究形容词的词尾），觉得质量比我们新一组的好得多。我们读了，忍不住啧啧称奇。陈老师说："那有什么可以奇怪的呢？我们自满时，自己当然不再前进，可不能阻止别人虚心努力，要求前进呀！你们想对不对？"听了陈老师语重心长的话，我更认识到骄傲自满的危害了。

现在把新三组的材料抄在下面：

我们在语文中常谈到许多形容词，它们的后面往往拖着"的"这个尾巴。差不多可以说，形容词跟"的"是形影不离，经常结合在一起的。虽然有“的”的词不一定都是形容词，每个形容词也不一定必须有“的”，可是“的”毕竟是形容词的一个特有的词尾，是形容词的一个特征。随便举些例子：

新的任务　别的事情　珍贵的礼物　心爱的斧头

细长的叶子　良好的公民　该死的狐狸

了不起的成绩

但是，我们也常常看到一些没有“的”的形容词，例如：

新鲜（　）蔬菜　彩色（　）衣裳

重要（　）使命　全部（　）火力

红漆（　）柱子　胜利（　）歌声

幸福（　）日子　理想（　）社会

上面有（　）的地方，都可以放进一个“的”，但是也可以不放。于是我们不禁要问：这是什么缘故呢？是不是随便哪个形容词都可以有“的”，也都可以没有“的”呢？有“的”跟没有“的”到底有什么区别呢？

为了弄明白这个问题，首先，我们要研究一下：为什么一般形容词的后面常放上一个“的”？不放“的”不行吗？

在“新的任务中”，“新的”是一个形容词。在“别的事情”中，“别的”是一个形容词。“新的任务”有时候也可以说“新任务”；但是“别的事情”却从来没有说成“别事情”。又在“细长的叶子”中，“细长的”是一个形容词；在“心爱的斧头”中，“心爱的”是一个形容词。“细长的叶子”，有时候也可以说成“细长叶子”；但是“心爱的斧头”，如果省去了其中的“的”，说成“心爱斧头”，就变成“心里爱斧头”的意思，完全失去了原来形容词的意义了。这样看来，形容词有没有“的”，显然不是可以随便的事情。

再说，“新的任务”跟“新任务”，“细长的叶子”跟“细长叶子”，虽然有时候意义相同，有时候却并不相同。因为从语气来看，有“的”的形容词比没有“的”的强。说“新的任务”，有时就是为了要跟旧的任务区别开来；因此特地在“任务”之前加上这个“新的”形容词。至于说“新任务”，则因为“新”跟“任务”已经紧密地结合在一起，虽然其中也含有“新”的意义，但这个“新”已经跟“任务”合成一个总的意义，没有专门强调“新”的意思了。“细长的叶子”跟“细长叶子”，有时候也有这种区别。

“小的牛”跟“小牛”，“短的裤”跟“短裤”，有时意义的区别更大。一般说“小牛”，是指还不能耕田的牛犊子；但是“小的牛”就未必是牛犊子，也可能指已经成长，也会耕田而躯体较小的牛。同样，“短的裤”也不一定就是“短裤”，也可能是裤腿较短的一般裤子。

有“的”的形容词，当它跟被形容的事物连在一起说时，因为保留着形容词的词尾，所以跟被形容事物的界限很清楚，原来形容词的意义也没有失去。但如果省去了词尾“的”，那时就表示形容部分跟被形容部分已融合成一个总的意义，变成一个新的事物名称，因此，形容跟被形容的界限“的”也消失了。也就是说，“青的山”含有“青的”跟“山”两重意义，“青山”却是一个总的事物名称。通常，音节不多的词，如果不需要强调形容的部分，往往就不用词尾“的”。例如：

红旗　黄豆　绿叶　暖壶　凉席　香料

甜瓜　总路线　重工业　大公园　恶势力

但是，如果省去了“的”，说起来不顺口，特别是意义不明，甚至改变了原有的意义时，那么“的”就决不能省去。例如：

别的事情　　（不说“别事情”。因为说起来不顺口，意义也不明。）

强健的身体　（不说“强健身体”。因为这样说是另一种意义，跟原意不同。）

壮大的队伍　（不说“壮大队伍”。因为这样说也是另一种意义，跟原意不同。）

由名词变成的形容词，如果只表示一个事物名称，中间也往往省去“的”。例如：

马（　）粪　羊（　）皮

麦（　）苗　铁（　）栅栏

樟木（　）箱　玻璃（　）瓶

人民（　）代表　红漆（　）柱子

但如果这时候需要强调形容的部分，那么形容的部分就得有“的”。例如“马粪”就得说“马的粪”等。例如：

这是马的粪，不是牛的粪。

由动词变成的形容词，如果只表示一种事物的名称，中间也往往省去“的”。例如：

来（　）人　　去（　）信

烧（　）饼　　拖（　）车

钓（　）钩　　涮（　）羊肉

侦查（　）小组　解放（　）大军

但是，如果省去了“的”，意义跟原来的形容词有出入时，就不能省。例如：

心爱的斧头（不能说“心爱斧头”。因为这样就是另一种意义，跟原意不同。）

好吃的苹果（不能说“好吃苹果”。因为这样说是另一种意义，跟原意不同。）

牺牲的时候（不能说“牺牲时候”。因为这样说是另一种意义，跟原意不同。）

特别是像“走狗”一类结合得非常紧密的词，跟“走的狗”意义完全不同，我们在使用时应好好注意。这是一方面。

在另一方面，有些形容词，如果意义上没有什么出入，的确有接“的”的时候，也有不接“的”的时候。例如上面说的“红漆的柱子”，有时就说“红漆柱子”。

于是我们要问，为什么跟形容词的关系这样密切的“的”，有时候竟可以省去不用呢？是不是因为可用可不用，就随便把它省去的呢？

现在我们试举几个例子来看：

（一）敌人的残酷（　）拷问（为什么不说“敌人的残酷的拷问”？）

（二）探照灯的巨大（　）光柱（为什么不说“探照灯的巨大的光柱”？）

（三）肉体上的极大（　）痛苦（为什么不说“肉体上的极大的痛苦”？）

（四）邱少云的伟大（　）牺牲精神（为什么不说“邱少云的伟大的牺牲精神”？）

（五）为祖国人民的幸福（　）生活而歌唱（为什么不说“为祖国人民的幸福的生活而歌唱”？）

显然，第一句里不说“残酷的拷问”，是因为前面还有“敌人的”之故；第二句里不说“巨大的光柱”，是因为前面已有了“探照灯的”之故；其他各例也都是如此。总之，五例中五处地方不用“的”，都不是偶然的省略，而是因为各例前面部分都已有了一个带“的”的形容词之故。为了避免在同一句话里重复使用“的”，就在有些可以不用“的”的地方尽量不用了。

可是我们还要问，前面已经用了“的”，后面再重复用一次，有什么不好呢？像第一例，难道一定不能说“敌人的残酷的拷问”吗？我们认为，可以这样说，但是这样说不及原来的说法好。因为“敌人的”跟“残酷的”两个形容部分，是不宜等同的，这样说就等同起来了。

我们还要问，如果在同一句话里，应该尽可能避免“的”的重复；那么，能不能把前面的“的”省去不用，让后面用“的”呢？像第一例，可不可以说“敌人残酷的拷问”呢？我们认为，这样说也可以，但是也不好。因为在这句话里，“敌人的”这个形容部分显然比“残酷的”更为重要，更应该强调，怎么可以前面的部分倒不用“的”，反而让后面的部分去用“的”呢？

总之，在一句话里，强调的部分不能太多，太多了，就会冲淡本来应该强调的部分。因此，对于几个都需要强调的部分，还应该比一比哪部分更重要些，把更重要的部分加以强调。第一例是这样，其余四例也都是这样，值得我们仔细比较和研究。

读后作业

划去括号里不必要的词尾：

① 小布头特别想念（的）朋友就是苹苹。苹苹多么爱小布头呀，是苹苹第一个教给他，要他成为一个勇敢（的）、懂事（的）孩子。苹苹那样（的）关心他，给他布置那么好（的）小房子和小床，还怕他挨冻，让妈妈给他做了件暖和（的）小外套。

② 秋天，粮食才打下来，田鼠一家（的）老小全都出来偷粮食，把自己（的）洞里塞得满满（的）。这么多粮食，田鼠一家（的）老小吃一整年也吃不了。等到明年新（的）粮食打下来，他们再偷新（的），让旧（的）粮食就烂在了洞里。

十六　数量形容词

——记一件秘密准备的展览成绩

下面是我们原由语文第一小组秘密准备的展览成绩。原来我们第一小组的全组成员，现在都觉得以前准备的第一件展览品质量的确是太差了。后来虽然做了一些补充，还是比别的兄弟组的成绩差得远。因此，大家都想再搞一个成绩出来，作为第一件展览品的补充。那么，为什么又要秘密准备呢？因为我们这项工作不是陈老师布置下来的，是我们自己要做的；既然这样，我们就决定暂时不报告陈老师，等到展览会开幕前一天拿出来，让陈老师意外地欢喜一下。

下面就是我们第二个成绩的初稿：

名词跟形容词有很密切的关系；它跟数词和量词也有很密切的关系。现在我们来谈谈第二种关系。例如“一斤菜”“一两油”，其中的“菜”和“油”是名词，“一斤”和“一两”就是数词和量词。

这里，首先我们认为这些数词和量词其实也是形容词的一种，它们的作用在于形容或限制名词的数量，可以叫作“数量形容词”。也可以说，一般形容词多从性质方面去说明事物，这种形容词是从数词方面去说明事物。

其次，这种数量形容词，通常在使用时不带词尾“的”。说“一个人”时，不说“一个的人”；说“一支笔”时，也不说“一支的笔”。只有在特殊情况下，才使用“的”这个词尾。例如：

睡了四次的蚕姑娘，现在爬到蚕山上去了。

为什么在这句话里，数量形容词“四次”的后面使用了“的”这个词尾呢？

对于这个问题，我们曾经想了好些时候才把它弄明白了。原来这句话里的“四次”，不是单纯地只说“四次”，它是跟它前面的“睡了”连在一起的，这就是一种特殊的情况。这种特殊情况，说明“四次”在这里并不是单纯地形容后面的“蚕姑娘”，而是跟它前面的“睡了”结合而成一个形容词性的部分，再由这整个部分去形容“蚕姑娘”。因为有这种特殊情况，我们才可以把“睡了四次”作为一个普通形容词看待，在它的后面接上“的”的词尾。

像这样的部分，我们叫它作形容词性部分，或简称形容部分，形容部分是形容词的扩大，它的作用跟普通形容词相同，因此也可以有普通形容词的词尾。

最后，这种数量形容词，既能像上例那样形容名词，又能形容动词或其他形容词。例如：

小弟第一天睡四次。（“四次”形容动词“睡”）

千般苦，不算苦。没有文化真正苦。（“千般”形容形容词“苦”）

这样看来，数量形容词的作用范围是跟一般形容词同样大的。但它们在使用的时候，又有它们个别的特点，应该注意。

以下先说几个常用数词的用法：

一

“一”在算术中是一个很重要的基本数，可是在语文中往往可以省略不说。尤其像“11”这个数，平时只说“十一”，从来不说“一十一”的。又如：

他是个（不说“一个”）很马虎的人。

爸爸身上披件（不说“一件”）大棉袄。

这些地方都说明“一”可以说，也可以不说。

零

“零”的说法，跟算术也有些不同。一般在语文中，从不接连说两个“零”的。如果它是在最末位，也往往并不说明。例如：

一千零一夜（不说“一千零零一夜”）

三万六千根毫毛（不说“三万六千零零零根毫毛”）

二

有时说作“两”。但是，“十二个人”不说“十两个人”，“两个人”不说“二个人”，“二两黄金”不说“两两黄金”，“第二”不说“第两”。有时，“两”只表示一种不确定的少数，并不等于“二”。例如：

妈妈说放了暑假，我们到舅舅家去住两天。（这里的“两天”，不一定是不折不扣的二天，也可能是三天。）

在北方话里，还有一种“俩”，是“两个”的意思，例如：

“咱们俩”“母女俩”“哥儿俩”（不能说“俩天”，“俩笔”）

几

“几”是询问数量的常用词。例如：

“每组有几人？”

也可以表示一种不确定的整数或余数。例如：

几十年的积蓄全花光了。

已经采了十几个杏儿。

问数时，除了常用“几”，更常用的是“多少”这个词。有时候，“多少”也可以单说“多”。例如：“不知天有多高，地有多厚？”“这儿到北京还有多远？”但是单说“多”，有时却指“很多”，而且含有感叹的意思。例如“你的手多脏啊！”

顺便说一说，用数字表示事物的次序时，常在它的前面接个“第”的词头。例如“第一次”“第二等”“第三代”等。但在说明年、月、日等时间或兄弟姐妹的排行时，一般都不用“第”。“三月”不说“第三月”，“四弟”不说“第四弟”。可是，有时也有这样的说法：

哥哥头一年结婚，第二年就养了个胖娃娃。

这里的“头一年”和“第二年”，其实是“前一年”跟“后一年”的意思。

上例说明，除了说“第”，我们还有“头”的说法。像“头等”“头一名”等都是。此外，还有说“元”“正”“首”“大”“长”的说法，例如“元旦”“正月”“首席”“大妹”“长子”等。为了强调语气，还有“天字第一号”的说法哩。例如“这家伙是我们乡里天字第一号的坏蛋”。为什么“第一号”

的前面又加了“天字”呢？原来在旧时代，有过一本《千字文》的书，那本书开头第一句是“天地玄黄”。当时人们常利用《千字文》的字句作为排列同类事物的符号，把它们称为“天字号”“地字号”“玄字号”“黄字号”等。所以“天字第一号”的意思，就是“第一等里的第一号”。

在表示最后一件事物时，常用“末”或“小”来称呼。例如“末代”“末年”“小儿子”“小指头”等。

上面曾经说到数词也可以形容动词。在形容动词时，它的位置常跟形容名词时相反。在形容名词的时候，一般是数字在前、名词在后。例如“千军万马”“千山万水”。在形容动词时候，一般是动词在前、数字在后。例如“刮了一阵风”“开了一朵花”。但是在口语中，也还有“三气周瑜”“七擒孟获”等的说法。在民歌中，也还有“一绣毛主席”“二绣总司令”“三绣解放军”的唱词。在旧小说的回目里，也还有“吴学究双掌连环计，宋公明三打祝家庄”的句法。

现在再说量词。据陈老师告诉我们，量词的总数大约有一百多个，大致有下列六种：

一种是度量衡和时间、货币等的单位名称。例如：

丈、尺、寸、石、斗、升、担、斤、两、元、角、分、年、月、日

一种是集体性的量词。例如：

一双（鞋）　一副（对联）
一套（制服）　一堆（白菜）
一群（鸡）　一把（米）
一捆（柴）　一队（骑兵）

一种是借用器物名称的量词。例如：

一杯（茶）　一桶（油）　一箱（烟）　一本（书）
一碗（水）　一盆（花）　一碟（菜）　一台（戏）

一种是借用事物一部分名称的量词，例如：

一头（牛）　一口（井）
一顶（蚊帐）　一面（镜子）

一种是根据事物的本身外形而定的量词。长的称为“条”或“根”，圆的称为“颗”或“粒”，厚实的称为“块”，单薄的称为“张”或“片”，能够把握的称为“把”或“柄”等。例如：

一条（带）　一根（绳）　一颗（珠）　一粒（沙）
一块（糕）　一张（纸）　一把（刀）　一柄（斧）

一种是可以多方面使用的。例如：

一个（用途最广泛，几乎对任何东西都用得上。）

一只（用于各种动物和本来成对的器物，例如“一只老虎”“一只手套”。）

一双（对）（用于各种本来就成双成对的器物，例如“一双筷子”“一双鞋”“一对枕头”。）

一件（用于各种事物。例如“一件大事”“一件内衣”。）

一种（类）（用于各种的种类。例如“一种野羊”。）

一样（用于各种事物。例如“一样礼物”。）

上面已经说过，数字在语文中常可表示一种不确定的数量。“三言两语”并不真是“三句话”和“两句话”，无非表示说话不多罢了。“千言万语”也并不真是“千句话”和“万句话”，无非表示说话很多罢了。跟数字相同，在量词方面，也有两个表示不定量的词，这就是“些”和“点（儿）”。

“些”常用于说明各种不易计算的少量事物，例如精神、力气、水、酒等。例如：

遇到这样的节日，不能不喝些酒。

星期日在家，帮妈妈干些活儿。

但也可以说明能计算的事物。例如：

买了些糖炒栗子回来。

有些人听不懂他的方言。

“些”在这种地方等于说“一些”，“一些”就是不多的意思。但如果把它跟“好”结合起来，变成“好些”，那就变成相反的意思了。例如：

圆桌旁围坐着好些人，每人面前都放着好些糖果。

如果把它跟“这么”结合起来，变成“这么些”，也能表示多数的意义。例如：“你家有这么些孩子，又不送托儿所，平时家里一定很热闹吧？”

“点（儿）”只用于不能计算的事物，使用时，常带着“儿”的词尾。它的本来形式是“一点儿”，但如果不用在一句话的开始，其中的“一”也跟“一些”的“一”那样，常被省略不用。例如：

每天晚上，他总得喝点儿酒。

花这点儿力气，算得了什么？

“些”和“点”除可以说明事物本身的数量外，还可以说明事物的性质、程度之类。这时，这两个词可以互相通用，没有什么区别。例如：

下了一阵子雨，天气有些（点）凉了。

爸爸的话

关于数量词，我记得曾经跟你笔谈过一次。如果你还没有忘记，可以供你们写这份总结成绩的补充和参考。

你的爸爸

读后作业

指出下面文章中的数量形容词：

① 这个郭铁匠长得可结实，四方脸，紫红的脸膛。肩膀宽，胸脯厚，两只胳膊像铁杠子似的。十几斤重的大铁锤，他一天能抡几千下。

② 那个孩子叫丫丫，才四岁，是个很招人喜欢的小姑娘。她有一个可爱的娃娃脸，有两只又黑又亮的大眼睛。妈妈给她梳了两条细细的小辫儿，还扎上两条红头绳。

十七　关于第二类形容词

——记语文课外活动的第八次大丰收

新四组和新五组是负责搜集和整理第二类形容词的两个小组。这两个小组的组长中，新四组是桂天香和施云，新五组是一对常爱拌嘴的姐妹，叫林珍和林珠。每组全体组员都是女同学。她们在欧阳老师的指导下，工作也很努力。但是因为近来听说组里有些人请假，虽然已经搜集了一些材料，却还没有整理出来。张平和黄立准备去帮助她们做好整理工作。下面这份材料是新四组根据整理完毕的材料写成的。陈老师评价道：“内容很不错，又是一次大丰收！”

形容词所形容的一般都是名词，例如“大风”“小草”，其中的“大”和“小”就是形容“风”和“草”这两个名词的。现在在形容词中，我们又发现了另一种并不形容名词的形容词。它们有的形容动词，有的形容形容词。这一类形容词，数量也很不少，我们把它们称为第二类形容词（第一类是指形容名词的形容词）。例如（下面例句中加点的是第二类形容词，加下横线的是被形容的动词或形容词）：

（一）现在先报告新闻。（“先”形容动词“报告”）

（二）他脾气很坏。（“很”形容形容词“坏”）

第一例中“先报告”的“先”，形容“报告”这个动词；第二例“很坏”的“很”形容“坏”这个形容词。因此，“先”和“很”都是第二类形容词。

像“大”“小”等的第一类形容词，有时候也可以当作第二类形容词使用；“三座大山”的“大”，固然是第一类形容词；可是像“大搞开发”“大兴土木”的“大”，就变成第二类形容词了。因为它所形容的，明明是“搞”和“兴”，“搞”和“兴”是动词。这就说明两类形容词原来本是同一个词，后来因为形容的对象不同，才有了用法上的区别。但是有些第二类形容词，如“很”“刚”等，不能形容名词，它们是固定的第二类形容词。

第二类形容词有单音的，有双音的，也有三音以上的。

单音的第二类形容词，除了前面说到的“先”和“很”，还有“多”“少”“就”“全”“刚”“快”等：

多　（例）多打粮食　多做一些工作

少　（例）少报了数字　少吃一口也行

就　（例）马上就去　一会儿就完

全　（例）我全会了　衣服全湿了

刚　（例）他刚来　刚解放的时候

将　（例）天将晚　天快亮啦

像这样的单音第二类形容词，我们一共搜集到二十多个，其中有些还有词头的作用。例如：

不　（例）不料、不见得、不得已

总　（例）总评、总理、总动员

最　（例）最近、最后、最妙

再　（例）再说、再见、再会

双音的第二类形容词，我们搜集到六十个左右。举例如下：

正在　　　　　　（例）正在吃着饭，天下雨了。

非常　　　　　　（例）呼吸非常急促。

特别　　　　　　（例）工作特别起劲。

继续　　　　　　（例）继续战斗

立刻（马上）　　（例）立刻动身　马上回来

一道（一起）　　（例）一道工作　咱们一起走

在双音的第二类形容词中，常有同一种意义有两种以上不同说法的情况。“立刻”等于说“马上”，“一道”等于说“一起”，就是具体的例子。此外还有：

赶快 = 赶紧　急忙 = 连忙　经常 = 常常

依然 = 依旧　仍然 = 仍旧　老是 = 总是

也有一些意义虽有差别，实际使用时往往可以互相代替的情况。例如：

十分和万分　（例）使人十分（或“万分”）感动

几乎、差点儿或险些儿　（例）几乎（或“差点儿”“险些儿”）掉在沟里

有些双音的第二类形容词，可以简化成单音词来使用。例如：

常常→常　（例）每逢星期日他常在那里钓鱼。

忽然→忽　（例）忽听一阵雷鸣，大雨倾盆而下。

突然→突　（例）异军突起

急忙→急（或“忙”）　（例）急起直追、忙叫媳妇儿切菜。

已经→已　（例）大势已去　春已来了

终于→终　（例）我队终获胜利。

在双音的第二类形容词中，也有不少是叠音的。例如：

常常提起　慢慢消化　好好学习　天天向上

匆匆告别　团团围住　闪闪发光　牢牢捆住

三音以上的第二类形容词，数量较少。例如：

大踏步　　（例）大踏步前进

面对面　　（例）两家面对面住着，成了好邻居。

一股劲儿　（例）一股劲儿跟上了队伍。

时时刻刻　（例）时时刻刻记在心里

日日夜夜　（例）日日夜夜想念家乡

从以上的许多例子中，我们可以看到，第二类形容词的作用，完全跟第一类形容词相似，也是修饰和限制。不过修饰和限制的对象是动词或形容词，不是名词。

上面也已经提到，两类形容词原来本是同一个词。像第二类中“大搞开发”的“大”，本来就是第一类中“三座大山”的“大”。现在我们要问：“在双音形容词方面，是不是也有同样的情况呢？”我们的回答是：“也有的。”请看下面的例子：

“安全归来”的“安全”，形容动词“归来”，是第二类形容词。但是当我们说“陆上安全，海上危险”时，这里“安全”就变成形容“陆上”，是第一类形容词了。

有些同学说，第二类形容词应该叫“副词”，我们认为不必这样叫。因为同样的“大”，形容“山”时叫它形容词，形容“搞”时叫它副词，实在大可不必；同样的“安全”，形容“陆上”时叫它形容词，形容“归来”时叫它副词，也是大可不必的。

此外，我们在第二类形容词中，又发现了下面两种情况：

一种情况是时间性的词特别多。例如：将、快、刚、已经、正在、立刻、马上、终于，等等。这是什么缘故呢？我们认为，这是因为第二类形容词的很多词是形容动词的。动词与时间有密切的关系，因此这一类的词就特别多了。

另一种情况是说明各种程度的词也特别多。例如：很、更、最、极、十分、万分、非常、特别、稍微等。这又是什么缘故呢？我们认为这是因为它们有很多是形容各种形容词的，为了要说明这些形容词的性质程度，就产生了许多说明程度的词，这也是很自然的。

最后要附带说一说，第二类形容词常常接“地”的词尾。关于这一点，新五组的同学们正在做深入的钻研，我们在这里不多说了。

读后作业

指出下列文中的形容词，并说明它属于第一类还是第二类：

夜里，战士们到了指定的地点，就三个人一组、四个人一组地分散开来，潜伏在乱草堆里。每个人的身上都插满了野草，凉风吹过，人身上的草和地上的草一起摆动，看不出一点儿痕迹。秋夜的寒风把战士们的手脚都吹木了。可是，他们一动也不动。

十八　少数人完成了多数人的工作

——记语文课外活动的第九次大丰收

像第一类形容词有“的”的词尾问题那样，第二类形容词有“地”的词尾问题。对于这个问题，新五组的同学们在组长林珍和林珠的领导之下，也投入了很大的劳动，写成了一份精彩的材料。以前的时候，林珍和林珠姊妹俩常爱拌嘴，我对她们没有留下什么好印象；尤其林珍，一张脸常常像在生着谁的气，看了真使人难受。想不到她们这一次竟然合作得很好，在人力不足的困难下努力完成了任务。等到黄立想要去帮助她们时，她们的工作已经接近完成了。但是我记得，她们这一组曾有好些同学是请过病假的。这样看来，她们的干劲实在是很大，可以说是少数人完成了多数人的工作。

下面就是她们所写的材料内容：

正像第一类形容词常拖着一个词尾“的”那样，第二类形容词也有它们的词尾。第二类形容词的词尾通常都写成“地”，可是念的时候，这个“地”应该念轻音，跟“的”相同。

第二类形容词也有许多常常不带词尾。例如：

盲目发射　万分焦急　反复追问　共同商量

胜利结束　狼狈逃窜　更加不安　再三劝告

成天干活　大声叫嚷　终于完成　不再惊慌

但是有更多的是带着词尾“地”的。例如：

果断地命令　诚恳地道歉　尽情地歌唱

痛苦地喘气　悲哀地叫唤　从容地回答

剧烈地跳动　勇敢地冲杀　敏捷地弯下腰

小心地走过去　狠狠地打击敌人　严格地遵守纪律

现在我们要问：第二类形容词的词尾，是不是可有可无、可用可不用呢？就上面所举的不带词尾的那些例子来看，其中有些是可以加上词尾的。例如“盲目发射”，也可以说“盲目地发射”；“大声叫嚷”，也可以说“大声地叫嚷”；“胜利结束”，也可以说“胜利地结束”；“狼狈逃窜”，也可以说“狼狈地逃窜”。

可是，有些例子却不能这样。例如“不再惊慌”，从来不说成“不再地惊慌”；“终于完成”，也从来不说成“终于地完成”的。

这样看来，“地”这个词尾，显然不是用不用可以随便的。

现在我们试来进一步检查一下，第二类形容词中，究竟哪些是从来不用词尾的，哪些是常常使用词尾的？这里面有什么规律没有？

根据我们搜集的单音第二类形容词，除了极少数的“特地”“忽地”等结合得相当紧密的词，一般都不带词尾。带词尾的，绝大多数是双音以上的词。同时，双音以上的词有许多也往往不接词尾。这一发现，对我们学习掌握第二类形容词，实在有很大的帮助。

双音词中，哪些是经常不带“地”这个词尾的呢？

表示各种时间性的第二类形容词，例如“如今”“现在”“正在”“当初”“过去”“从前”“先前”“本来”“向来”“原来”“一向”“从来”“早已”“已经”“曾经”“刚才”“刚刚”“方才”“将来”“后来”“终于”“早晚”“迟早”“常常”“时常”“经常”“始终”“立刻”“暂时”“暂且”等，它们的后面都不带“地”。

表示行为次数的，例如“一次”“一回”“一趟”“一阵”“一下”“一遭”等，它们的后面一般也不带“地”（“一次又一次地”的说法是例外）。

表示程度的，例如“非常”“稍微”“稍稍”“十分”“万分”“特别”“尤其”“几乎”“大约”“大概”“越发”等，一般在后面也不带“地”。

表示范围的，例如“仅仅”“完全”“总共”“一概”“一律”等，一般在后面也不带“地”。

表示语调的，例如“索性”“难道”“偏偏”等，一般在后面也不带“地”。

表示否定的“没有”，后面也不带“地”。

那么，究竟是哪些双音以上的词，才常常接“地”的词尾呢？

我们曾经搜集了一些关于“说”的各种第二类形容词，发现这些形容词都用“地”：

耐心地说　严肃地说　痛苦地说　感动地说
郑重地说　诚恳地说　快活地说　高兴地说
生气地说　难过地说　温和地说　气愤地说
关切地说　冷冷地说　惊讶地说　严厉地说
认真地说　俏皮地说　兴奋地说　悲伤地说

在上面的例子里，像“耐心地说”的“耐心地”，有时是指“说”的态度，有时是指“说”的性质。别的例子，也都是不指态度，即指性质。再来检查别种有“地”的第二类形容词，也都有同样的情况。例如：

好奇地看（“好奇地”形容“看”的态度）
果断地命令（“果断地”形容“命令”的态度）
悲哀地叫唤（“悲哀地”形容“叫唤”的性质）
痛苦地呻吟（“痛苦地”形容“呻吟”的性质）

总之，凡是形容行动的性质或态度的第二类形容词，一般都带着词尾“地”。应该注意的是，这是指一般的情况。有时候，它们也可以不带“地”，但那是少数。例如：

盲目发射 （“盲目”是形容“发射”的性质，但不带“地”）

万分焦急 （“万分”是形容“焦急”的性质，但不带“地”）

成天干活 （“成天”是形容“干活”的性质，但不带“地”）

啰啰唆唆说了一大堆 （“啰啰唆唆”形容“说”的性质，但不带“地”）

因此我们得到了一个结论：在形容行动的性质、态度的第二类形容词的后面，一般都带“地”的词尾；只有少数的第二类形容词词尾，可接可不接。

现在，我们再谈谈使用这种形容词的其他情况。

通常第二类形容词都放在被形容的动词或形容词的前面。例如：

乡亲们再三劝他（“再三”放在“劝”的前面）

桥身不住颤动（“不住”放在“颤动”的前面）

敏捷地弯下腰（“敏捷地”放在“弯下”的前面）

没精打采地走着（“没精打采地”放在“走着”的前面）

但是有些第二类形容词，却常常放在被形容的动词或形容词后面。例如：

（一）表示数量的，常放在后面。

双方谈了一阵（“一阵”放在“谈了”的后面）

打了他一巴掌（“一巴掌”放在“打了”的后面）

（二）被形容的动词或形容词有词尾“得”的，也放在后面。

这样好得很（“很”放在“好得”的后面）

乐得手舞足蹈（“手舞足蹈”放在“乐得”的后面）

还有一种用法，是把第二类形容词特地提到全句话的最前面。这种方法，大都使用于第二类形容词特别需要强调的时候。例如：

慢慢地，我认识到“大老粗学不会文化”的想法是不对的。

昨天你生气是为了什么事？

读后作业

指出下列文章中第二类形容词，并说明为什么要这样使用：

小兔已经生下来三天了。李大伯和我洗干净了手，轻轻地把笼子打开，尽量不惊动它们。数一数，六只。小兔都闭着眼。我真想扒开它们的眼睛，看看是不是红的。李大伯说：“到十天左右，小兔才能睁开眼睛哩！现在扒开，会把它的眼睛弄伤的。”

十九　超过了最高明的魔术师

——谈谈各种词的代表“代词”

今天，陈老师告诉我们，为了开好这一次语文课外活动成绩展览会，我们应该把以前关于名词、动词、形容词等的汇报成绩重新整理一次。如果有新的体会，可以在原有的成绩的基础上，尽量加以补充，甚至再写一些新材料进去。

陈老师的话对我们的鼓舞很大，特别是我们原来第一小组的同学，感到这几句话好像是专门对我们而说似的，因此，下课后我们又开了一次碰头会。为了弥补我们第一件展览成绩质量上的不足，我们决心根据大家已有的材料，再努力写一篇《词的代表——代词》，作为我组的第三件成绩交给陈老师。现在我们已把这些材料整理出来了。全文内容如下：

在语文词汇中，有一种专门代表别种词的词类，叫作“代词”。代词的特点，在于它们本身没有固定的意义，它在这句话里代表这个意义，在另外一句话里又可能代表另一个意义。例如“我”这个代词，从黄立嘴里说出来时，是代表黄立；但从张平嘴里说出来时，这个“我”就代表“张平”了。我们指着语文课本说“这个”，“这个”就代表了语文课本；如果指着算术课本说“这个”，“这个”又变成算术课本的代表了。它灵活变化的能力，简直连最高明的魔术师也比不上。例如下面的文章片段：

进攻的机枪连迅速地依次通过这座“人桥”。有的人滑倒在架桥同志的头上，架桥的同志就使劲把他顶住，让他爬起来。有的人踩着架桥同志的肩膀，架桥的同志就硬挺着肩膀，让他安全通过。有的人掉到河里，架桥的同志又把他扶上去。

上面这段课文连续四次用到“他”这个代词，但代表的并不都是同一个人。其中前两个“他”是代表“滑倒在架桥同志头上的人”，第三个“他”是代表“踩着架桥同志肩膀的人”，第四个“他”是代表“掉到河里的人”。而且照这段文章来看，“他”所代表的已经不止是代表了四个人，而是代表着许多个出现同样状况的人了。

代词不但有代表别种词（或词组）的作用，而且还能使语文简洁活泼。我们不用代词说话时，会说“小林到新华书店去，在新华书店买了一本《新华字典》”如果能用代词，同样说这几句话，就可以说成“小林到新华书店去，在那里买了一本《新华字典》”，就不必重复地说“新华书店”了。又如说“他只怕他的妈妈，不怕别人”。这句话里的“别人”，也是一个代词，它代表“妈妈以外一切的人”。假如我们不用“别人”这个代词，我们就只能说“他只怕他的妈妈，不怕他妈妈以外一切的人”，多啰唆啊。

代词能代表各种名词，也能代表动词和形容词。例如：

匪军官又大声喊住她，还想迫使她屈服。刘胡兰侧过头去，冷冷地说：“还是那个事情？——那不用谈了！”（“那个事情”代表屈服、投降的行为）

又如：

你的弟弟真聪明，我很希望也有一个那样的弟弟。（“那样的”代表聪明）

代词从总的来说，可分指定代词和不定代词两种。指定代词包括“我”“你”“他”和表示多数的“我们”“你们”“他们”等人身代词，还有“这个”“那个”“这里”“那里”“这些”“那些”“这么”“那么”等指示代词。不定代词包括“谁”“哪个”“什么”“怎么”等，这些代词或者表示疑问，或者表示不确定。

在人身代词里，“我”指说话的人自身，“你”指对方（有时为了尊敬，改称“您”），“他”指第三者。第三者又有“他”“她”“它”三种不同的写法，男人用“他”，女人用“她”，一切事物用“它”。“我”“你”“他”“她”“它”接上了“们”的词尾时，就表示多数。对一群有男有女的人，一般称“他们”。

此外，北方话里，还有一个“咱们”。“咱们”也指自己一边的人，但是跟“我们”稍有不同。“咱们”代表的范围比“我们”更广一些，包括听发言的对方在内。例如：

在反动派统治的黑暗年代里，咱们娘儿俩就这样厮守着。（“咱们”包括“我”和“你”）

今晚，咱们得分清楚了：你们两位是客，我们三个是主。（“咱们”包括“你们”和“我们”）

这样看来，只要包括听发言的对方在内，两个人也可以称“咱们”。如果不包括听发言的对方，单指发言人一方，那么这一方的人数就是再多些，也只能称“我们”。

人身代词还有下面几种：

（一）**人（别人、人家）** 可以代表敌对的一方，也可以指自己一方以外的任何人。例如：

人不犯我，我不犯人；人若犯我，我必犯人。（这里的“人”等于说“人家”，指敌对的一方）

这家伙这样小看别人，真把我气坏了。（这里的“别人”指对方以外的人）

（二）**自己（自个儿）** 可以指自己，也可以代表自己的任何方面。例如：

自己对自己采取自由主义。（这里头一个“自己”是指自己，后一个“自己”是指自己的毛病、缺点）

（三）**大家（大伙儿）**　是统括众人的代词。但是在单提一个或几个人，跟“全体”对提时，这“大家”就成了除了这一个或几个人以外的总数。例如：

你们开了会，总结了经验，大家欢迎你们，尊敬你们。

在指示代词里，最常用的是“这”（近指）和“那”（远指）。例如：

这是列宁同志啊，让他进去吧！（“这”代表列宁同志）

我说，“这是个秘密，告诉您，怎能行？”（“这”代表事情）

当她想把箱子搬下去时，婆婆说：“那碍你什么事了？”（“那”代表箱子）

“这”和“那”也可以作为形容词。例如：

这本领我非学会不可。

他想摘下那鬼子的枪。

也可以作他动词行动对象的代词。例如：

大家围住他问这问那。

但在代表他动词行动的对象时，最常用的是“这个”和“那个”。例如：

我不要这个，我要的是那个。

“这”和“那”的多数，是“这些”和“那些”。例如：

这些舰艇射出耀眼的探照灯灯光。

那些小鸡全都被狐狸咬死了。

如果是指地方，“这”和“那”就变成“这里”（这儿）和“那里”（那儿），或者“这边”和“那边”。例如：

这里有姓周的吗？

那里有阿姨照顾你们，就像在妈妈身边一样。

那边正是他常常怀念的故乡。

如果是指时间，“这”和“那”又变成“这会儿”和“那会儿”，或者“这时候”和“那时候”。例如：

那会儿不害臊，这会儿怎么又害臊了？

这时候大家都已休息了。

如果是指行动的方式和事物的性质、程度，“这”和“那”又变成“这样”和“那样”，或者“这么”和“那么”。例如：

我也是这样想，不愿那样想。

活到这么大的年纪，还有那么好的精神，可真不容易。

在说明事物的性质、程度时，如果要强调语气，还常用“这么个”和“那么个”的说法，例如：

想不到北京竟然是这么个好地方。

你怎么把他吓得那么个样儿了？

有了这么些钱，难道还不够花？

另外，还有“这么着”和“那么着”的说法。例如：

我要是这么着，就不会跟你说了。

“这”和“那”又常跟各种数量词结合，被我们当作形容词用。例如：

那一天上映的电影是战斗片。

每当我回忆起这件事，就感到非常幸福。

此外，还有“每”“各”“某”等，也是常用的指示代词。例如：

我们每一个少先队员都欢迎你。

大家从各方面想办法，完成这个任务。

只要写出来，不必拘泥于某一种形式。

再说不定代词。这种代词的作用，也可以表示疑问，叫作“疑问代词”。疑问代词跟指示代词有一定关系，我们就画了一个简单的表，以便对照。如下：

疑问代词	指示代词
谁？哪个？哪一位？	这个人（包括“我”“你”“他”等）
什么？哪一个？	这个
怎么？怎么样？	这么、这样
怎么着？	这么着
怎么个？	这么个
多少？	这么些
哪里？哪儿？	这里、这儿
多早晚？多咱？	这会儿

其中“怎么”还可以表示“为什么”，例如“你怎么不跟他一起去？”“哪里”还可以表示否定，例如“这哪里是请我吃饭，分明是叫我怄气罢了！”

这些代词还可以表示确定的意思。在这种时候，就不再有疑问的意思了。例如：

只有一个女儿，名叫什么红玉。

干什么都行，只要对工作有利。

因为能表示不确定，有时就索性更进一步，表示“不论哪个事物”了，例如：

他什么都知道。

我怎么留也留不住他。

在同一句话里，以前后连续使用同一个不定代词，就表示所指的人和事物完全相同，但并没有明白说出是谁或哪个事物。例如：

谁破坏纪律，谁就该受处分。

哪儿最艰苦，我就上哪儿去。

你要多少有多少，只管问他要就是了。

读后作业

指出下列文章中的代词，并说明它的用法：

① 狐狸吓破了胆，正不知往哪儿逃命才好。忽然看见前面就是母鸡的家。他就立刻冲了进去，对母鸡说：“快

去把门关上，谁也不许放进来！”母鸡关上门，赔着笑说：“狐狸先生，真对不起，我正想给您送礼物去，您就自己来了，先喝杯茶吧！”

② 鲁智深离了桃花山，放开脚步，从早晨一直走到午后，约莫走了五六十里路，肚里又饥，路上又没个打火处。寻思：“早起只顾贪走，不曾吃得些东西，却投哪里好？”

二十　颠来倒去的词

——记陈老师在一次队活动中的谈话

昨天少先队的活动是到北海公园去划船。我们租了两只大船，一前一后地连缀在一起划。天气挺好，没有太阳，也不下雨，全体队员坐在两只船上，浴着和煦的东南风，听陈老师谈语文知识。陈老师谈的题目是《颠来倒去的词》，内容十分有趣。我们静静地听得津津有味，连身在船上也忘记了。

下面记的，是陈老师当时所讲的内容大意：

上次语文第一小组汇报双音动词的时候，曾经说到有些双音动词，因为前后两个音节的意义相同，常可以颠倒过来使用。例如“叫喊”，也可以说“喊叫”；“代替”也可以说“替代”。但是大多数的双音动词，即使两个音节意义相像，也不能随便颠倒使用。例如“督促”不能说“促督”，“观望”不能说“望观”，“进展”不能说“展进”，“看见”也不能说“见看”等，这段话说得很好。

不过当时的汇报，说的只限于双音的动词。其实，据我平时的留心搜集的结果，这种情况不仅动词有，就是名词和形容词也有。例如：

言语——语言　士兵——兵士　力气——气力

这些都是名词。又如：

痛苦——苦痛　整齐——齐整　健康——康健

这些都是形容词。

不错，这一类可以颠倒使用而意义不变的双音名词、动词和形容词，数量并不很多。我们应该注意的是，大多数的双音词，在两个音节颠倒之后，原来的词性、意义和用法，是要起变化的。除了你们上次提到的“出现”“争论”“决议”“产生”“发展”“展开”“证明”“算盘”，还有不少。我想你们一定很希望掌握这些颠来倒去的词，现在尽可能多举一些例子，让大家有进一步的了解。

车马——马车

这两个都是名词，但意义很不相同。“车马”是指“车”和“马”两种交通工具，说大都市的马路上“车马辐辏”，就是指交通工具汇集在一起，数量很多。“马车”呢，却只是单指“马拉的车子”。这种车子，今天在北方的农村还常能见到。

花草——草花

这两个也都是名词，但意义也不相同。“花”“草”是指一般的“花”和“草”，“草花”是专指草本植物的花。

儿女——女儿

这两个也都是名词，但意义是不同的。“儿女”是指父母生养的孩子，包括男孩和女孩。“女儿”专指女孩。这两个词也不单指幼小的孩子，就是长大之后，某人的“儿女”也依然是某人的儿女；“女儿”也依然是女儿。

红花——花红

这两个也都是名词 ，但意义不同。“红花”通常指红色的花(例如“石榴花”)，又专指一种药草，如藏红花(又称番红花、西红花，是一种药材和香料，多年生草本，成品来自藏红花柱头烘干后的部分，分布在地中海地区、小亚细亚和我国西藏)。“花红”则专指一种水果，又名小苹果、沙果、林檎，个头儿比苹果小得多。

领带——带领

“领带”是个名词，指穿西服时系在衬衫领口的一种装饰品。“带领”是动词，就是“率领”。例如：带领队伍。

虚心——心虚

这两个都是形容词。“虚心”是“骄傲”和“自满”的反面。“心虚”是指胆怯。例如：做贼心虚。

会议——议会

“会议”是个动词，一般指开会讨论研究问题。“议会”是个名词，为国家机关的一种形态，是西方国家用来立法和参议国家政事的政府机构。

火柴——柴火

这两个都是名词。“火柴”最开始源自海外，早年间被国人叫作“洋火”。后来因为我国企业可以自力更生了，就不再叫作“洋火”了。“柴火”是指木柴燃烧所生的火。

虫害——害虫

这两个也都是名词。“虫害”是说害虫侵蚀农作物所造成的灾害。“害虫”是指对人类有害的昆虫。

火炉——炉火

这两个也都是名词。“火炉”是铁制的供烧火取暖、烧水做饭的工具。“炉火”是指炉中所烧的火。

受难——难受

“受难”是动词，指受到灾难，例如：长期受难。“难受”是形容词，意思是说不能忍受，例如：十分难受。

取巧——巧取

这两个都是动词。“取巧”是指通过不正常的途径去达到目的，例如：投机取巧。“巧取”是指用智力得到目的物，不分正当与否。例如：巧取豪夺、巧取汉中（《三国演义》）。

理论——论理

这两个都是名词。“理论”是指有系统地说明某一方面的知识。“论理”是指一种专门研究正确的思想方法的学问。这两个又都是动词，“理论”是指评理，例如：不必和他理论。“论理”是指按照道理说话。例如：论理应该承认错误。

科学——学科

这两个都是名词。“科学”是指正确的、有系统地说明真理的知识，“学科”是指学校里规定的教学科目。

事故——故事

这两个都是名词。“事故”是指意外发生的不幸事件。“故事”指以叙述的方式讲一个带有情节的事件。

罪犯——犯罪

“罪犯”是名词，指犯了罪的人。“犯罪”是动词，指违反国家法律的罪恶行为。

青年——年青

“青年”是名词，指大于少年、小于壮年的一代人。“年青”是形容词，意思是年岁不大。

好友——友好

“好友”是名词，就是好朋友。“友好”是动词，指互相友爱。例如：两国人民一向友好。

白雪——雪白

“白雪”是名词，就是洁白的雪。“雪白”是形容词，指像雪那样白。

进行——行进

这两个都是动词。“进行”是指一般事物向前发展。“行进”是指很多人有秩序地前进。

现实——实现

“现实”是名词，指实际存在的事物。“实现”是动词，指把一种理想或计划变成事实。

颂歌——歌颂

“颂歌”是名词，指表示祝颂的歌词。“歌颂”是动词，指用歌唱的方式表示祝颂。

工作——作工

“工作”是名词，指各种劳动行为。“作工”是动词，指劳动。“工作”也能当动词用，这时就等于说“作工”。

图画——画图

“图画”是名词，指画成的图。“画图”是动词，指用笔或其他工具绘制图画的过程。

成长——长成

这两个都是动词。“成长”是指有生命的东西生长发育。“长成”是指这些东西生长成熟了。

担负——负担

“担负”是动词，就是说担当、承担。“负担”是名词，指背在肩上的东西。也可以作动词用，这时就等于说“担负”。

牲畜——畜牲

这两个都是名词。“牲畜”是指牛、羊、马等家畜。“畜牲”是指把人贬斥成家畜，是骂人的用词。

动摇——摇动

这两个都是动词。“动摇”是指自动的摇摆。“摇动”是指被动地向各种方向的晃动。

展开——开展

这两个都是动词。“展开”是自动词，例如：孔雀展开了尾部的羽毛叫孔雀开屏。“开展”是他动词，例如：开展工作。

现在我们要问：为什么有些词颠倒之后，意义不变；有些词颠倒之后，意义却起了变化呢？

要明白这个道理，应该去检查和研究那些词的构造。一般可以颠倒（指颠倒后意义不变）的词，不论是名词也好，动词也好，形容词也好，它们的前后两个字都是同样意义的，这一点很值得注意。例如“言语”和“语言”，“力气”和“气力”，其中的“言”和“语”，“力”和“气”，都是指同一事物，而且也分不出这两个字哪个更重要些。这就说明，那两个字一先一后的关系并不是必须那样的。这一地区的人们可以说“言语”，那一地区的人们可以说“语言”，而所指是同样的事物。“言语”跟“语言”是这样，“力气”和“气力”也是这样。

不但名词是这样，动词和形容词也往往是这样。因为动词如“叫”和“喊”，“代”和“替”，形容词如“整”和“齐”，“健”和“康”，也都是由两个意义相同的字凑成的，其中既没有轻重之别，因此也说不上哪个必须在前，哪个必须在后。我们说“叫喊”，可以；说“喊叫”，也可以。说“整齐”，可以；说“齐整”，也可以。反正都是同样的意思。

可是那些颠倒之后意义用法不同的双音词，它们的构造一般就不这样了。仔细分析起来，像“车马”“花草”“儿女”“火柴”等，都是由两个意义不同的单音名词构成的；像“红花”“虚心”“青年”“白雪”等，都是由一个形容词和一个名词构成的；像“虫害”“理论”“科学”“罪犯”等，都是由一个名词和一个动词构成的；像“受难”“取巧”等，都是由一个动词和一个形容词构成的。因为构成的成分不同，所以各个成分的含义也不同，双方（指两个字）之间的关系也不是对等的。在这样的情况之下，当然就不能随便颠倒了。

只有“领带”和“带领”，我起初搞不懂它们的构造关系，觉得“领”和“带”，明明是同样的意义，同样是动词，应该可以颠倒，为什么竟不能颠倒呢？后来我请教了北海小学的李老师，才知道这两个音节，一方面都是动词，另一方面又都可以作名词用。在说“领带”的时候，“领”是指衣服的领口，“带”是指带子，意义跟说“带领”时的“带”和“领”已完全不同了。据李老师估计，大约在一百年以前，当我们的生活中还没有今天的“领带”这种东西的时候，说“领带”就等于说“带领”，颠倒了并没有什么不同。后来用“领带”来命名系在领口的带子之后，它的词性、意义和用法就跟“带领”分开了。这充分说明了语文是随着历史的发展变化而演进变化的。

读后作业

1. 试说明下列几个颠来倒去的词，意义有没有区别？

有什么区别？

别离——离别　　要紧——紧要

考查——查考　　积累——累积

2. 用下列的词造句：

相互　　互相　　悲伤　　伤悲

二十一　一次特大的丰收

——记四位语文老师在展览会上的讲话

我们的语文学习展览会，经过一个多月的积极准备，展览会的会场就在我们教室外东边的大厅里，会场门口放着两盆盛开的夹竹桃，娇艳的花朵充分烘托出欢迎来宾的氛围。门口摆着一块黄纸黑字的大字展板，上面写着“六年级（2）班语文课外活动成绩展览会”，四周还点缀着红色的小纸片和青翠的柏树叶。一走进会场，就可以看见四面的墙上订满了我们这半年来语文课外活动的成绩，桌上陈列着我们平时练习新词造句、写话的本子和历次座谈会的会议纪要。

在展览会的前夜，当我们和陈老师一起布置会场的时候，我把两份秘密准备好的小组成绩交给了陈老师。陈老师拿着这两份成绩，低头大概翻看了一下，抬起头来，对着我们激动地说：“好！好！就是要像这样有志气，能够主动地对自己提出更高的要求，才是祖国的好儿童，才是少先队的好队员，才是我的好学生。这两份东西暂时先搁在一边，等我今晚抽空看完了以后，再一起把它们展览出来吧！”

昨天是星期日，天气特别晴朗。一清早，李红、黄立、张平和我都到了学校。陈老师叫我们今天做接待员，到开会的时候还要做记录员。一会儿，同学们纷纷到来，黎老师、欧阳老师也来了。没有多久，爸爸也带着北海小学的同学们来了。这时，陈老师亲热地接待着黎老师、欧阳老师和我的爸爸，并且介绍大家互相认识。我们也亲热地招呼着北海小学的同学和本校闻讯赶来的同学们。我们请四位老师坐上主席台，并请北海小学的同学们坐在会场的前几排，以表示我们对他们到来的欢迎。

9时整，李红宣布展览会正式开幕。黎老师、欧阳老师、我的爸爸和陈老师先后发表了十分精彩的讲话。这些讲话对我们来说，可说是本学期语文学习方面一次特大的丰收。

当黎老师开始讲话的时候，我们四个接待员马上变成了四个记录员。李红和张平做重点记录，黄立和我做全面记录，大家聚精会神地干了起来。

黎老师讲话的题目是《谈谈关系词和语气词》，内容已经整理，如下：

一个词跟另一个词放在一起，或者一组词跟另一组词放在一起。产生了一定的联系，才能表达一定的意义。这种关系有时利用词排列的先后就能表示出来，有时除了利用排列的先后，还得使用另一些专门表示关系的词。例如：

妈妈睡了。

这句话里，“妈妈”是名词，“睡了”是动词；名词在前，动词在后。就凭这一种排列的先后，就能了解“妈妈睡了”是什么意思。也就是说，这句话的意思已经明白了，用不着再加别的词了。但像下面这句话：

我把鸟笼子挂在窗外。

这句话里，“我”是代词，“鸟笼子”是名词，“挂”是动词，“窗外”也是名词；除了这些，剩下的“把”和“在”就是两个关系词。“把”在这里本身并没有什么意义，但是语法上的作用却很重要。它说明了“我”跟“鸟笼子”的关系，又说明“鸟笼子”跟“挂”的关系。依靠它在语法上的这种作用，使我们知道这几个词放在一起是“我挂鸟笼子”的意思。“在”是表示方位、地点（有时表示时间）的关系词，这里如果没有它，就无法知道“窗外”跟全句话的关系；有了它，才知道句中的“挂”跟“窗外”有关，“窗外”是说明“挂”的地点的。又如：

自从大开发以来，这里的新人新事太多了。

其中的“自从”和“以来”是表示时间的关系词。靠了这两个关系词，我们就知道许多新人新事产生的时间，是“自从”大开发“以来”，即在大开发之后。

表示语法的关系词，数量很不少。它们有一个共同点，就是并不像名词、动词、形容词那样，代表事物、事物的行动或它们的性质状态，而是专门表示各种词之间的关系。靠了这些关系词，我们说话、写作的时候，意义就表达得十分清楚和精密，不会被人误解了。

关系词可以分为好几种。有一种专门表示词句之间的离合关系。例如：

你同（和）我一起走吧。

脸和脖子都红了。

风很大，而且很冷。

每天早上，除了扫地擦桌，还得喂鸡喂鱼。

有一种专门表达词、句之间的对比关系。例如：

他跟一个普通劳动者一样。

她把解放军看成是自己的亲人。

包头比白云鄂博还热闹。

与其忍辱偷生，不如起来奋斗。

有一种专门表示时间。例如：

他在动身以前，到过这里。

只要一坐下来，我就犯困。

天刚亮，就听见有人在屋后叫我。

有一种专门表示语气的转折、让步等。例如：

地方还是老地方，可是景象完全变了。

尽管害着病，精神还是挺好的。

有一种专门表示上半句是下半句的条件，或不成为条件。例如：

如果骄傲，就会落后。

只要不停地努力，总有一天会成功的。

即使碰上老虎，我也不怕。

有一种专门表示上半句是下半句的原因，下半句是上半句的结果。例如：

因为他是一个诚实的人，我相信他的话。

为了科学事业，他的头发都熬白了。

有一种专门表示用一件事物衬托另一件事物。例如：

别说是跑，连走也走不动了。

这里原先是黄羊的世界，现在连黄羊的影子也不见了。

各种关系词在使用时，常有一种前呼后应的现象。例如上半句说了“因为”，下半句就说“所以”，使“因为”跟“所以”前后呼应。上半句说了个“虽然”，下半句就说“但是”（或“可是”），使“虽然”跟“但是”前后呼应。此外，还有“如果”跟“那么”，“不但”（或“不仅”）跟“而且”等。又是为了简化，也可以只用两个关系词中的一个，把另一个略去。例如“因为太动人了，大家都听得哭起来了”。这里后半句的开头就省略了“所以”这个关系词。这样的简化，有时也很有必要。

有些长句，既有前后呼应的结构，我们就需要了解“前呼”跟“后应”之间，究竟以哪个为主，哪个是次；说话的人，他要说的重点是在哪里，是“前呼”部分，还是“后应”部分？例如“与其忍辱偷生，不如起来奋斗”这句话，到底以前半句为重点，还是以后半句为重点呢？显然，这句话的重点是在后半句，说话的人，他的最终目的在于说明要“起来奋斗”。

但像“应该早做准备，以免临时忙乱”这句话，它的重点却正好相反，是在前半句而不在后半句。因为说话的人，最终目的是在说明应该“早做准备”。

那么，为什么不只说重点部分，却要把不是重点的部分连在一起说呢？那是因为非重点部分虽然不是主要部分，却也是次要部分。如果略去不说，就不能充分表达全部的意思。再说，如果不说那次要部分，就显不出重点部分的重要。我国自古有句俗语，说“牡丹虽好，全仗绿叶扶持”。若把重点部分当作牡丹，那次要部分就是绿叶；正是靠了绿叶的扶持和映衬，牡丹才能显出它的美来。如果失去了绿叶，只剩了一朵光杆牡丹花，岂不是大煞风景？前呼后应的说法，好处就在这里。

现在再来谈谈语气词。语气词也跟关系词一样，它们本身也没有独立的意义，但有表示各种语气的作用。各种语气包括疑问、请求、命令、拒绝、快乐、悲伤、愤怒、惋惜等。在说话时，这些语气可以用语调的高低、快慢、轻重等来表示，也可以在话里使用语气词来表示。但在写成文字时，语气就只能依靠语气词来表达了。

“吗”（么）和“呢”是两个表示疑问的常用语气词，但它们的用法不同。例如：

这不是很明白吗？

怎么办呢？

从这两个例子看来，“吗”主要用在判断是非的时候，“呢”主要用在想了解什么人、什么事物、什么情况、方法、原因等的时候。因此该用“吗”的问句，不能随便用“呢”；该用“呢”的问句，也不能随便用“吗”。如果把“这不是很明白吗？”说成“这不是很明白呢？”那就变成一句很古怪的话了。

“的”和“了”是两个表示肯定的常用语气词，但它们的用法也不相同。例如：

爸爸死了，是累死的。

你太不聪明了。

“的”在连接于名词、动词、形容词后面的时候，一般都是形容词的词尾；但它若接在整句话的后面，就变成表示肯定的语气词，这时肯定的语气比“了”更强一些。“了”在连接于动词后面的时候，也是词尾；但在接于名词、代名词和形容词的后面时，就变成语气词。试比较下面的例子：

走了老半天，还没有到家。（接在动词后面）

这一次轮到你了。（接在代名词后面）

语气词种类很多，用法也不少。上面说的只不过是随便谈谈，举些例子。同学们如果有兴趣，今后在这方面留心搜集起来，收获一定很大。我今天把它跟关系词一起说了一下，不过是向大家做个初步介绍罢了。（全体鼓掌）

接着，陈老师向大家介绍了我的爸爸，说这位李老师是北海小学六年级的语文老师，李明健同学的父亲。现在我们请他讲话。爸爸讲的是《正反面形容词给我的启发》。内容如下：

三天以前，我读了你们陈老师给我看的新一组准备完成的展览成绩，得到了很大的启发。

首先，那许多正反面的形容词集合在一起，使我想到世界上的一切事物，往往不是属于正面的，就是属于反面的。当你们发现有了“大”，就有“小”；有了“好”，就有“坏”，它们都是互相对立地存在着的时候，就进一步对已经发现其中一面的形容词，努力从平时的言语中去找到它相反的另一面形容词。这是很好的。应该说，一切事物，既有了这一面，一定会有相反的另一面，绝不会没有那另一面的。因为，如果没有那另一面，这一面就不会存在。不过在我们的语文中，有些事物不一定都像“大”与“小”，“好”与“坏”那样对立起来说的，而是“大”与“不大”，“好”与“不好”那样对立起来说的。例如“重要”，它的反面词就是“不重要”；“精明”，它的反面词就是“不精明”等。

因此，当我们还不知道“巧”的反面词是“拙”时，就可以说“不巧”；当我们还不知道“顺”的反面词是“逆”时，就可以说“不顺”。同样的道理，“整齐”的反面词可以说“不整齐”，“聪明”的反面可以说“不聪明”，其他许多形容词也都可以照此类推。

接着，我又想到，这一种正反面对立的情况，不仅形容词有，连名词和动词也有。例如名词有：

矛——盾　水——火　敌——我　恩——仇

开端——结尾　害虫——益鸟　战争——和平

动词也有：

哭——笑　迎——送

买——卖　收——付

攻——守　进——退

团结——分裂　反对——拥护

动词一般也可以用“不”来表示它们的反面。除了“不”，还可以用“反”，例如“反贪污”“反浪费”等。名词的反面，常用“反”或“非”。例如“反封建”“反压迫”“非无产阶级”等。这种“不”“反”“非”都是词头。

为什么三大词类都有这许多正反面对立的情况呢？原来世界上一切事物，既然都包含着正反面，三大词类要是没有这许多正反面对立的词汇，就不能如实反映这些事物的情况了。

“正”和“反”，“是”和“非”，“好”和“坏”，“美”和“丑”，都是人们根据自己的阶级立场和利益来决定。敌人心目中的“正”和“反”，“是”和“非”，“好”和“坏”，“美”和“丑”，恰好跟我们的看法相反，因为双方的阶级立场和利益是互相矛盾对立的。过去在反动派统治时代，统治阶级认为农民起义是坏事，就称它是“造反”；我们劳动人民却认为他们应该起来推翻反动统治，认为这是好事，称为“革命”。在第一次国内革命时期，湖南农民起来革命了；那些反动派都说“糟得很”，但是毛主席却说“好得很”！别的许多事情也都如此。这样，就使我们认识了一个真理，那就是凡是敌人说“好”的事情，对我们绝不会有好处，总是不利的；凡是敌人说“坏”的事物，对我们总是有利的。有时某一件事情在我们还未判断它好不好的时候，敌人已先在那里叫骂反对了，这时我们往往就可以肯定，那一定是件好事，是对我们有利的。反之，如果敌人在那里拍手称快，我们就可以断定，那一定是件坏事，是对我们不利的。因为如果不是对敌人不利，敌人绝不会叫骂反对；如果不是对敌人有利，敌人也绝不会拍手称快。列宁同志生前在被敌人攻击的时候，他就十分高兴，因为他知道，敌人的攻击，正好说明他是做对了。在他的著作中，曾经屡次引用了大诗人涅克拉索夫的诗句道：

人们对他造谣诽谤。
但是他要听到的赞扬，
不是他们甜蜜的夸奖，

正是他们的怒骂如狂。

有人也许会想：难道世界上的一切事物都是非好即坏，没有不好也不坏的吗？黑色跟白色之间，难道就没有灰色？红色跟白色之间，难道就没有粉红色？我们应该知道，灰色和粉红色都是暂时性的、不稳定的颜色，都是从一种颜色转变到另一种颜色的过渡状态的东西。就灰色来说，它不是向黑色发展变化，就是向白色发展变化。就粉红色来说，它不是向白色发展变化，就是向红色发展变化。大家知道，晴天跟雨天是对立的，阴天呢，可说是不晴不雨的天气吧？但这种天气是不能持久的，它不是向晴天发展变化，就是向雨天发展变化。我们的进步跟退步也是这样，又不算进步、又不算退步的情况是很难见到的。因此，我们才会说“不进则退”；如果我们不愿退步，就必须永远鼓足干劲，力争上游。（全场鼓掌）

我的话就是这些。另外，我想顺便再谈一下上面提到的那个“不”的词头。

这个词头用处很大，可以接在各种名词、动词和形容词的前面，表示否定原词的意义，成为它的反面。例如：

不法（犯法）、不经（不合常规）、不经济、不道德（后面接名词）

不朽、不断、不通、不相干、不自觉（后面接动词）

不平、不同、不妙、不老实、不自然（后面接形容词）

这一种否定的形式，有时还可以再加否定，成为双重否定。这是很特别的，很值得我们注意。例如：

不得不说　不能不叫　不可不记

有时前一个“不”用“非”来代替，构成另一种双重否定的形式。例如：

非笑不可　非走不行　非你不可

一般事物，如果不加否定时是正面，那么否定之后，就变成反面的了，例如“好”是正面，“不好”就变成反面。这时，如果再加上否定，形成双重否定之后，那结果又会倒过来变成正面，例如“并非不好”，岂不仍是“好”的意思？但这时的正面事物，情况已跟原来的正面事物不同了，它是更高一级的正面。说“并非不好”时，语气就比原来的“好”强得多了。又如“我说”是正面，“我不说”变成反面，“我不得不说”又变成正面，但“不得不说”有“非说不可”的意思，跟原来的正面“说”相比，语气也加强了，是高一级的正面了。

接下来是欧阳老师讲话。下面是欧阳老师所讲的内容：

这半年来，同学们在陈老师的领导之下，学习各种词，已经学得了不少基本知识。今后，同学们还应该以这些知识为基础，继续努力前进，学好语文。为了引起同学们今后学习的更多的兴趣，我想把比词更高一级的东西向同学们做个初步的介绍，那就是词组。

什么叫词组？词组是两个以上的词结合而成的说话单位。

我们在语文课本和日常谈话中，常会碰到一些由四个音构成的词组。这些词组大都是现成的，念起来很顺口，也很动听，形式多种多样，内容丰富多彩，因此大家又给它定了名称，叫作“成语”。成语是词组的一种。例如：

勤学苦练　多快好省　一穷二白　一干二净

夜以继日　喜不自胜　春暖花开　欣欣向荣

这些成语，在我们中国语文中数量不少，是一项极其宝贵的财富。其中大部分是我们的祖先世世代代流传下来的，也有一部分是今天我们活着的一代创造出来的。

成语为什么叫作“词组”呢？因为它们是由两个以上的词结合而成的，它们是词的小组；按照它们在语文中所起的作用来说，它们也是构成句子的基本单位。例如“勤学苦练”是由“勤学”和“苦练”两个词组成的；“多快好省”是由“多”“快”“好”“省”四个词组成的。又因为它们的构造已经很稳固，不是临时性的组合；使用的时候，也不能随便改变它的结构，所以把它们叫作“成语”。

成语的结构，主要是并列式的结构。其中分四音逐个并列和双音并列两大类。例如：

多快好省　喜怒哀乐　柴米油盐　亭台楼阁

青红皂白　古今中外　悲欢离合　妖魔鬼怪

（以上是四音逐个并列）

英雄好汉　贪官污吏　远见卓识　乌烟瘴气

老奸巨猾　铜墙铁壁　九牛二虎　三头六臂

（以上是前后两组的双音并列）

四音节并列结构的成语，实际上并不很多；但是双音节并列结构的成语数量却非常大，形式也有很多变化。例如：

生死关头　内外夹攻　轻重倒置　左右开弓

呼吸相通　水火无情　啼笑皆非　黑白分明

（前面两音一正一反并列）

青黄不接　坐卧不宁　口齿伶俐　鸦雀无声

形影相随　花雨缤纷　风日晴和　骡马成群

（前面两音同类事物并列）

以上这两种都是前双音并列。

不识好歹　不分敌我　不计成败　不顾死活

自相矛盾　颠倒黑白　无足轻重　搬弄是非

（后面两音一正一反并列）

至亲骨肉　锦绣河山　满城风雨　不见经传

过眼烟云　空中楼阁　虚张声势　平地风波

（后面两音是同类事物并列）

以上这两种都是后双音并列。

名副其实　安不忘危　得不偿失　乐极生悲

寡不敌众　死里逃生　柔能克刚　答非所问

（首尾两音，一正一反并列）

锦上添花　魂不附体　雪上加霜　文不对题

火上加油　节外生枝　衣不解带　人各有志

（首尾两音是同类或有关事物并列）

以上两种都是首尾双音并列。

苦尽甘来　前仆后继　外强中干　分进合击

东拼西凑　左思右想　阳奉阴违　横冲直撞

（第一、三两音，一正一反并列）

眉开眼笑　心满意足　山穷水尽　桃红柳绿

兔死狐悲　道听途说　唇亡齿寒　心平气和

（第一、三两音同类事物并列）

以上两种都是第一、三双音并列。

以德报怨　起死回生　以逸待劳　弄假成真

将功折罪　回嗔作喜　抑强扶弱　见利忘义

（第二、四两音，一正一反并列）

腾云驾雾　忍饥挨饿　喜闻乐见　积少成多

降龙伏虎　斩草除根　深思熟虑　高谈阔论

（第二、四两音同类事物并列）

以上两种都是第二、四双音并列。

从以上各种形式的双音并列中，显出它们的结构有着多么复杂的变化；同时在变化之中却又有一定的规律。特别是最后两种结构，四音两两对称，充分表现着它们的形式美。

今天我所说的，还只限于这种成语的形式方面，没有触及它们在内容方面的特色（它们在内容上也是有很多特色的），我希望同学们听了我的初步介绍之后，能够从对它们

形式美的欣赏进一步去钻研它们的内容。①（全体鼓掌）

最后，我们请陈老师讲话。陈老师笑着说："各位老师已经讲得很多了，再讲，怕你们消化不了，我就不讲了。"但是，经不起全体同学的鼓掌，三位老师的怂恿，都说今天陈老师非讲不可；陈老师推辞不了，结果还是讲了。内容如下：

六 (2) 班同学们学习中国语文已有六年的时间了。这学期又利用课外活动的时间，整理了一次以前学过的词汇，写出了一些书面的成绩。这些成绩可能有不少缺点和错误，现在展览出来，请大家批评指教。在这里，我想代表我们六 (2) 班的同学，特别对李老师、黎老师和欧阳老师表示由衷感谢。因为正是这三位老师半年来对我们的语文课外活动给予了很多指导和帮助。今天，他们三位的讲话又给我们这次展览增添了许多宝贵的内容，让我们都站起来向这三位老师表示感谢吧！（大家热烈鼓掌）

了解和掌握中国语文的词汇，是我们学好这门功课一项十分重要的基本功。可惜这样重要的基本功，我们过去

① 对四音成语有兴趣的读者，可参阅书后所附《试论汉语的四音成语》一文。

对它的重视是不够的。记得有一位毕业以后升了中学的同学，在他写信给另外一个同学的信里，最后写了一句“祝你进康！”“进康”是什么意思呢？推测起来，可能是一个形容词，包含“进步”和“健康”两种意义吧。但是，谁也无法从我们的课文里找到这样一个形容词，任何书报杂志上也看不到这个词，我们平时说话，也不用这个词。因为这个词是杜撰的。能杜撰出这种词的人，就证明了他没有很好地学过、练过语文的基本功。

新词可以创造。但是创造出来的新词必须是群众生活上所需要的，然后群众才会接受，才会流行起来。否则只有我一个说，一个人用；或者极少数的人说，在一个小圈子里通用，那就跟广大群众无关。而跟广大群众无关的新词，是没有生命力的。像“进康”那样的说法，群众并不需要，因而也是缺乏生命力的。

词汇中，最重要的是名词、动词和形容词。这学期你们利用课外活动的时间对这三种词花了不少精力，进行了调查研究，已获得了一些成果。这件事对你们今后的学习一定会有帮助，你们的精力一定不会是白费的。

此外，你们的活动又接触了数词、量词和代词，今天，黎老师又向你们介绍了关系词和语气词，欧阳老师向你们介绍了词组，这些内容你们都要学会和掌握。就词的构造形式来说，叠音词必须知道；就词的构造成分来说，词头、词尾和你们所发现的词积木也必须知道，而且今后还应该做进一步的学习和研究。我的话完了。（全体同学起立，雷鸣一般的掌声）

读后作业

1. 指出下列文句中的关系词：

① 田阿姨刚烧火做饭，门外就进来了一个小朋友。

② 我懂得了“解放”的意思。因为从那以后，我们的日子过得和以前完全不同了。

2. 说明下列词组的特色：

风和日暖　鸟语花香　牛鬼蛇神　三心二意

忠心耿耿　大书特书　零零落落　鬼鬼祟祟

写在后面

为了帮助青少年们尽快地掌握汉语语文的基本功，我试写了这本读物。

1960 年 4 月，我下了写这本书的决心。当时全国各地正在展开教学改革运动，不少中小学开始着手进行九年一贯制的试验。从关于辽宁黑山县北关小学的报道中，我十分兴奋地看到，旧时代遗留下来的、长期未得到解决的中小学语文教学质量的问题，也已经被提到教育界的工作日程上来了，而且引起了全国的重视。这实在是一件大好事！想起自己的工作岗位，几十年来经过一再变化，早已不在教育界了；对于这一行，也已经很生疏了。虽然如此，我对怎样帮助青少年们尽快提高语文水平的问题，却至今还很关心，常常想不计工拙，尽我一分绵薄的力量。

我一直认为，青少年们语文水平的低落，主要的原因之一是少年时代没有打好基础。另一方面，青少年们要提高语文水平,仅仅依靠课本的学习又显然是不够的。除了学好课本，还必须结合课内学习，在课外通过大量阅读书报等一系列的活动，才能在这些活动中间进行反复练习，以勤读勤写来巩固和提高在课内学到的知识及能力，充分打好语文的基础。

在旧时代，人们求学的时间绝大部分是花在语文一科上面。但在今天，由于学习科目的多样化，语文的学习时间已不得不让出很大的一部分给其他的学科。这样一来，形势就迫使青少年们对语文的学习不可能再像前辈那样，长时期地暗中摸索，从摸索中去心领神会，等待有一天融会贯通、豁然开朗。今天他们必须走另一条比较多快好省的途径，这就是结合课本的学习，有系统地学会和掌握语法的基本规律，以便利用这些规律去取得触类旁通、举一反三的效果，使汉语语文尽快地变成他们得心应手的工具。其实据我看来，老一辈通过长期摸索最后才豁然贯通的知识，拆穿了说，也无非就是那些语法规律罢了。因此，目前的语文教学问题就在于应不应该仍让青少年们再走前辈暗中摸索的旧路？应不应该由我们这一代人根据自身的学习经验，把那些语法规律从汉语语文中提炼出来，教给下一代？

语法规律应不应该在高小、初中时期教学，今天文教界的看法似乎还不一致。而我却一向认为有此必要，也有此可能。当然，目前要做这项工作，暂时也并非没有困难，例如哪些是汉语语法基本规律？在高小、初中时期，应该先掌握哪些基本规律？大家都还没有明确一致的认识。关于语法上的一些术语以及词汇的分类方法等，学术界至今也还有不少分歧的意见。特别是至今还没有一本公认的标准的语法书可资依据，使大家纵然想从事此项工作，也有无所适从之苦。有些教师把一些语文术语干巴巴地灌输给学生，当然起不到应有的效果。尽管如此，我认为正如鲁迅先生所说“路是人走出来的”，工作即使有困难，而困难是可以克服的。

这就是我决心以不计成败的态度试写这一本青少年语法课外读物的原因。

现在想就写作过程中碰到的一些问题，以及自己对这些问题的看法，在这里向大家说明一下。

首先是写什么的问题。要帮助青少年们及时练好语文的基本功，我认为第一应该让他们认识中国语文生动活泼、丰富多彩的特点，引起他们强烈的喜爱和主动学习的要求。然后引导他们通过课内、课外的学习，吸收大量的词汇，逐步把中国语文的基本规律掌握起来。在这些基本规律中，构词方法的规律是最基本、最先应该学会的东西。这本书就想以构词法为中心，以课文为素材，对青少年提供一些构词法的基本规律和基本常识。

在全书中，也有一些地方是我自己一些不成熟的看法和想法，希望得到大家的批评指教。例如：

一、全书所述的主要是名词、动词和形容词的构词法（也谈到代词和数量词）。除了这些实词，还扼要地介绍了关系词等虚词，但有意识地不提“虚词”等青少年们不易理解的术语（为了说明汉语语文的特点之一，全稿开始时还谈到了叠音词）。

之所以在书中只谈形容词，不谈“副词”，原因是根据我国语文的实际情况，绝大多数的所谓“副词”，形式跟形容词相同（副词在使用词尾时，写法有不同，但在口语上，词尾“地”跟形容词的词尾“的”的发音，无甚区别）。因此，本书决定把副词划入形容词的范围，作为第二类形容词来处理。

这样办，我认为是完全符合汉语语文的实际情况的。因为“大会堂”的“大”，跟“大开发”的“大”，形式完全相同，只是因为前者形容的是名词，就称为形容词，后者形容的是动词，就硬把这个“大”区别开来，改称“副词”，这有什么必要呢？为什么形容了动词，就必须称为“副词”，不能认为它是形容动词的形容词呢？汉语语文有它自身的特殊性，为什么一定要削足适履，去迁就外国语文的成规，却不能尊重汉语语文的特点呢？

正是因为把同一个形容词分割其一方面的作用而硬作为副词，又把副词归入虚词类，结果就把形容词弄得不虚不实，使年轻人不易理解了。

二、在构词法上，不少语法专家们肯定，词头和词尾的运用是现代汉语发展的方向之一，这是对的。但大家似乎并没有进一步注意到，那些同样能灵活运用但至今未被公认为词头或词尾的许多其他构词成分，它们在汉语语文的构词法上实在扮演着更为重要的角色，起着更为广泛的作用，只是因为它们还没有失去原词的本义，就不让它们取得词头或词尾的资格，甚至把它们忽略了。

这种构词成分够不够词头或词尾的资格，这问题还不算重要。重要的是它们在实际上起着那么广泛而重要的构词作用，是不应置之不理的。照我的看法，它们在形成丰富多彩汉语语文的同时，而又有着极大的机动性和灵活性，可说是一种决定性的因素。因此，为了说明汉语语文的这一特色，我在本稿中大胆地把它们暂定名为“词积木式成分”（简称“词积木”），并向青少年们作了必要的介绍和说明（参见第十一章）。

三、跟“副词”一样，“助动词”（也有人称为“动词附加语”）的名称，在这本稿子中也找不到了。因为它们的一部分已被作为动词的词头或词尾，另一部分被作为动词的词积木来处理了。这样的安排也可大大减轻青少年们的学习负担。

其次，再谈谈怎样写这本书的问题。为了引起青少年们阅读的兴趣，我想用故事体的形式来写这种读物是合适的。当然，写这本书的主要目的，并不在于提供一个动人的故事，而是利用故事的形式说明汉语语文的规律和有关的知识；因此故事的情节比较简单，也并不动人，不过是叙述了一些少年们的学习生活。可是在整个故事里，也提出了一些问题和建议。例如当陈老师发现李明健同学对叠音词发生了学习兴趣时，就紧紧抓住了这个机会，引导他去进一步搜集已经学过的叠音词，使他能通过这项活动，认识到叠音词的特色，并进而初步掌握叠音词的构词规律和用法。又如当陈老师发现学生们在日常谈话和写话中不敢大胆使用新词，以致平日的写作，老是重复一些已经用惯了的旧词，思想感情的表达都受了少数旧词的局限时，又及时抓住了这一缺点，指示大家不要做“胆小鬼”，鼓舞他们要有突破这一难关的勇气，终于使全班同学开展了运用新词的课外活动。像这些地方，也可以说是反映了我对现行语文教学的一些意见。

上面已经说到，要提高青少年们的语文水平，仅仅依靠课本的学习是不够的，除了学好课本，还必须进行一系列的课外活动，方能巩固和提高在课内学到的知识及能力。因此做语文老师的，不能认为只要教好课本就尽了自己的责任；除此之外，还必须同时把语文课外活动高度重视起来，认真领导起来。

当陈老师发觉个别小组的学生在课外活动中已产生自满情绪时，又向他们敲起了警钟，要他们自己去解决这个问题。以后，这组学生在小组会上讨论了这个问题，认识到自己的错误，马上在实际行动中纠正过来，并且做出了出色的成绩。这一情节说明教师必须充分关心和了解学生在课外活动中的情况，也只有这样，才能真正提高语文教学的质量。

关于语法规律的学习，必须强调的是应该由教师引导学生从他们自己的活动中去发现，去掌握。只有通过实践而获得的知识，才会有比较深刻的印象，才能牢牢地掌握它们（但有些类似的知识，在已经掌握了它的基本规律的基础上，也可以先由教师教给学生，再让学生通过课外活动去印证，来巩固课内获得的认识）。这样学到的知识就会比只听老师讲课可靠得多。

还有，初步认识规律和刚能掌握规律还不等于已经掌握规律，真正掌握规律是在学生通过反复的练习，能够得心应手地运用，并且达到一定的巩固程度之后。从这里，我们也不难看出语文课外活动的重要性。因为只凭课内有限的时间，是不可能进行反复练习的。因此在本书中，一开始就叙述到陈老师指导学生自己去搜集已学过的词类，让他们在这一实践中去亲自认识。

从整个故事的发展过程中，我们又可以看出，教师不仅在对教什么的问题上应该胸有成竹，而且还必须有计划、有系统地组织教材，有步骤地进行教学，更要有恒心地坚持完成预订的教学计划，以后才有举行语文学习成绩汇报展览的可能。

语文课外活动的方式和方法尽可以不拘一格。本书所涉及的，不过是举些例子，并不是一成不变、非此不可的。我以为如果把语文教学比方为作战，那么，课内教学很像正面突破，初步占领阵地；课外活动就等于追奔逐北，扩大战果，巩固胜利。课外活动应该尽可能创造新方式，利用新方法、各种各样的方式方法都应该为达到语文教学总的目的而服务。

末了，顺便提一下，本书因为是利用工作之余的点滴时间，断断续续地写成的初稿和改写的，因此前后历时三四年之久，依然不敢保证没有破绽漏洞，缺点错误也一定难免，希望读者们多多指正。

本稿承赵平生、毛淳民、赵一凡三位同志提了不少宝贵的意见，使我有可能做了进一步的修改和重写，在此表示深深的感谢。*

1962 年 3 月 18 日初稿

1963 年 10 月 28 日改写

*

赵平生（1903—1990），浙江义乌人。历任《盐阜大众》报主编、盐阜区行署编审室主任等职。中华人民共和国成立后，先后担任华东大学代理教务长、中国扫除文盲工作委员会副司长、党组副书记，中国文字改革委员会秘书长、文字改革出版社总编等职。编著有《新哲学读本》《学习与修养》《辩证唯物论辞典》《写话教学法》《大众的书》《大众文库》《辞源（合订本）》等书。

毛淳民（1916—1969），浙江金华浦江人。历任浦江县政府政工室主任、教育所教育长、县立初级中学校长、杭州新群高中教务主任。新中国成立后，任华东文教委干部教育局教材科长。1954 年 11 月在中央文委干部教育局负责编审干部业余中学语文教材。

赵一凡（1935—1988），原籍浙江义乌，生于上海。赵平生之子。自幼因病致残，自修大学文科。主要从事文字改革及儿童文学编辑工作，并做过古典文学书籍和辞书的校对工作。

附　录

试论汉语的四音成语

一、引　言

我们祖国的语文——汉语，既活泼生动，又丰富多彩，这是大家一致的看法。

但是这种活泼生动、丰富多彩的特色具体表现在哪些地方呢？关于这一点，过去书报上谈到的似乎还不多见。其实，要让我们年轻的一代热爱祖国的语文，对语文的学习引起强烈的要求和浓厚的兴趣，就有必要让他们对这些特色有比较具体的了解，比较深刻的体会，单是笼统地告诉他们“活泼生动”“丰富多彩”是不够的。

上述祖国语文的特色，首先在词汇方面，有着多种多样的表现；而由词汇构成的四音成语（即由四个音节构成的成语，例如“和风细雨”“疾风暴雨”等）表现得尤其突出。打个比方，它们正如大量五光十色、玲珑精致的宝石，不但光芒四射、晶莹耀目，而且在我们祖国的语文中起着极其重要的作用。

每一个四音成语都只有四个音节。但是在四个音节里，往往包含着很丰富的意义。正是由于这一种短小而又精悍的特点，它们不单可以单独使用，而且也可以运用于语句之中，成为语句的一部分。因此四音成语的活动范围非常广泛，许多著名的文学作品，如《红楼梦》《西游记》《水浒传》等，作者们在写作时，都大量运用了四音成语。

例如《红楼梦》，全书一百二十回，运用四音成语约达一千八百次，平均每一回运用了十五次。其中第一十九回，曾用了三十二次之多：

接二连三　舒舒服服　哈哈大笑　小门小户（2 次）

七言八语　遮天压地　指手画脚　事事如意

兢兢业业　真心真意（2 次）割舌地狱　鸦雀无闻

不干不净　一迭连声　时时刻刻　徒子徒孙

风雨不透　口口声声　岁岁平安　鸦雀无声

娇生惯养　潸然泪下　天诛地灭（3 次）抽抽搭搭

耳鬓厮磨　琐琐碎碎　无精打采　聪明智慧

有些成语，甚至被不止一次地运用。《红楼梦》一书中，如“大惊小怪”“死去活来”“疯疯癫癫”“鬼鬼祟祟”等，都被反复使用至十次以上。如果它们结构臃肿、使用不便，作者们当然不会如此频繁地采用的。

四音成语活动的范围，还不仅限于文学作品，几乎在任何文体中都有它们活动的踪迹。

例如鲁迅的《且介亭杂文》中有一篇《中国人失掉自信力了吗？》，开头一段是：

> 从公开的文字上看起来，两年以前，我们总自夸着“地大物博”，是事实；不久就不再自夸了，只希望着国联，也是事实；现在是既不自夸自己，也不信国联，改为一味求神拜佛、怀古伤今了——却也是事实。

以上加点的地方，都是四音成语。这篇杂文全文约八百五十字，其中用了四音成语八个，平均每五百字中有四音成语四个以上。

上面的例子都是随便举的，但我们已不难因此了解四音成语在文章中能占着这样大的比重，恐怕在任何外国语文中是很难看到的。

原来所谓“成语”，原不仅限于四个音节；但由四音节构成的成语，却是全部成语中数量最多的一种。那么，为什么会有这种现象呢？

首先，是因为它们有特具的优点：说起来顺口，听起来悦耳，学起来便当，记起来容易。它们是汉语结构中一种最基本的形式，我国最古的文献之一《诗经》，就是集四音节诗句的大成；后世一些启蒙读物如《千字文》《百家姓》之类，也采用这一基本形式写成，以便儿童初学时容易上口。再说根据现有的多数成语来考察，我们又会发现四音成语在结构方面和内容方面，都还有不少优点。结构方面短小精悍，往往具有对称的形式美（例如“乘风破浪”“万紫千红”）；内容方面有强大的说明和描写能力（见下文）。因此，它们才会有今天那样的充分发展。

其次，是因为它们产生的时间极早。从开始出现至今，已经拥有长期的积累。今天我们常用的许多四音成语，往往产生于很古的年代，有的甚至已有几千年的历史，但我们今天在口头和文字上使用着它们，一些也不感觉陈旧（当然也有一些陈旧的四音成语，陆续被时代所淘汰）。例如下面一些四音成语，早已在《诗经》中出现：

一日三秋	投桃报李	进退维谷	杨柳依依
临深履薄	耿耿不寐	黾勉从事	雨雪霏霏
万寿无疆	硕大无朋	兢兢业业	战战兢兢

《诗经》这部书，本身已有几千年的历史，实际上它所记录的诗篇产生的时间还要更早些。可见汉语的四音成语不但历代产生、积累而数量甚多，而且又经后世长期的精简、提炼而质量很高。到了解放后的今天，由于党的百花齐放、百家争鸣政策的实施，文化艺术开始有了空前的发展，四音成语在质和量方面又有了更大的发展和提高。

第三，正因为四音成语有其特具的优点，所以到了后世，许多不足或超过四个音节的词组或成语，都通过音节的增减，分别改变成四音成语。这样一来，四音成语的数量就更见增加了。例如“干净”，原是一个双音词，后来又增加两个音节，变成“一干二净”和“干干净净”，就变成两个四音成语。这是增加音节的例子。

再就减少音节来说，如本来是“怒发上冲冠”（《史记·蔺相如传》），后来减去了一个音节，就变成“怒发冲冠”的四音成语；又如本来是“再而衰、三而竭”（《左传·庄公十年》），后来减少了两个音节，就变成“再衰三竭”的四音成语。

这种删繁就简的现象就是在今天，也还在不断产生之中。试看下面的例子：

（一）这种错误的做法，只能加深分歧，制造分裂；只能为亲者所痛，仇者所快。

（二）这种态度，只能使亲者痛，仇者快。

（三）……社会主义阵营，面对着帝国主义的威胁，理应把斗争的锋芒指向我们的共同敌人，而没有任何理由在那里重演亲痛仇快的事件。

上面三处引文，从“亲者所痛，仇者所快”到“亲者痛，仇者快”，最后又到“亲痛仇快”，就成为一个四音成语。同时不难看到，“亲痛仇快”这个四音成语虽然音节已从原来的八个减到一半，但原有的含义却一些也没有减少。这又说明它确是一个非常精练的成语，具有短小精悍、生动活泼的特点。

二、四音成语的发生和形成

四音成语的发生，有三种来源：一种是发生时就是四个音节，这一种数量最多；另一种如上文所述，原来不足四个音节，以后凑成四个音节的；最后一种也如上文所述，原来超过四个音节，以后删节成四个音节的。

通过音节之增加而形成四音成语的，大体有两种类型：

（一）由增加一个音节而成。例如：

（肆）无忌惮　应运（而）生

（满）不在乎　城下（之）盟

（别）开生面　一扫（而）空

（漠）不关心　食指（大）动

以上各例括号中的音节，都不是非有不可，而是为了要凑成四音成语，才增加上去的。

（二）由增加两个音节而成，其中又包括三种类型：

1. 利用镶嵌法。例如：

（一）差（二）错　异（乎寻）常
（三）言（两）语　（三）街（六）巷
（四）通（八）达　（三）灾（八）难
冤（哉）枉（也）　接（二）连（三）

以上各例括号中的音节，都是就原有的双音词镶嵌上去的。

2. 利用补充强调法。例如：

大谬（不然）　公子（王孙）　直言（不讳）　萎靡（不振）
执迷（不悟）　半夜（三更）　对头（冤家）　层出（不穷）

以上各例括号中的音节也并非非有不可，而是为了强调意义，特意凑成四音成语的。

3. 利用叠音法。例如：

亲（亲）热（热）　端（端）正（正）
疯（疯）癫（癫）　恭（恭）敬（敬）

弯（弯）曲（曲）　忙（忙）碌（碌）

摇（摇）摆（摆）　辛（辛）苦（苦）

在上述三种类型中，第一种的镶嵌法，以镶嵌数字者为最常见。第二、三种也是增加音节的两个重要方法，用处不在镶嵌法之下。

音节之减少，大体上有下列两种情况：

（一）减少一个音节的。例如：

后来（者）居上　得道（者）多助

失道（者）寡助　来者（犹）可追

怒发（上）冲冠　依样（画）葫芦

两小无（嫌）猜　狡兔（有）三窟

以上各例括号中的音节，表示原来具有，后来被人删去。

（二）减少两个以上音节的。例如：

食肉寝皮（原为“食其肉而寝其皮”，见《左传·襄公

二十一年》）

乘风破浪（原为“乘长风，破万里浪”，见《宋书·宗悫传》）

近悦远来（原为“近者悦，远者来”，见《论语·子路》）

鸟尽弓藏（原为“飞鸟尽，良弓藏”，见《史记·越王勾践世家》）

再衰三竭（原为“再而衰，三而竭”，见《左传·庄公十年》）

兔死狗烹（原为“狡兔死，走狗烹”，见《史记·越王勾践世家》）

举一反三（原为“举一隅不以三隅反”，见《论语·述而》）

车水马龙（原为“车如流水，马如游龙”，见《后汉书·明德马皇后纪录》）

在现代的新成语中，也有不少是通过减少音节的方法形成的。例如“精兵简政”“拥政爱民”“围城打援”等。

在减少音节后形成的四音成语中，偶然可见到个别有语病的例子。例如“依人作嫁”，来源于唐秦韬玉《贫女》诗“为他人作嫁衣裳”。但原句音节减少之后，剩下的部分已难索解，所以不能认为是一个合格的四音成语。这种情况，直到今天也还难免。例如近年流行的“煞有介事”，来源于江浙一带的口语“像煞有介事”，现在虽然只减少了一个音节（像），但剩下的部分已同样很难索解，也不应认为合格的四音成语。[1]

此外，有一些利用特定公式而构成的四音节词组，在被人们长期运用之后，也会变成四音成语。这些公式主要的有：

又○又○（例）又惊又喜、又痛又痒、又气又愧、又恨又气

可○可○（例）可敬可爱、可歌可泣、可大可小、可有可无

或○或○（例）或多或少、或长或短、或打或骂、或赌或饮

且○且○（例）且行且谈、且战且退

忽○忽○（例）忽冷忽热、忽嗔忽喜、忽起忽落、忽起忽坐

无○无○、没○没○（例）无依无靠、无法无天、没上没下、

① 按“煞”在独立使用时，一般都作为名词、动词或副词，如“凶神恶煞”“煞尾”“煞车”“煞费苦心”等，但在“像煞有介事”中，这“煞”不是名词，不是动词，也不是副词，而是一个常接在各种动词后面的词尾（有人称为动词附加语）。这种用法，在宋、元时已很盛行，如柳耆卿词：“近来憔悴人轻怪，为别后相思煞。”《元曲》：“兀的不快活煞人也么哥。”至今江浙一带的口语中，还用得相当普遍，例如“忙煞”“苦煞”“恨煞”“吓煞”等。所谓“像煞”，也是其中之一。它的意义，就是“很像”“像极了”。如果把前面的主体“像”丢了，后面的“煞”就无法落实了，所以“煞有介事”的说法，实在是不通的。

没头没脑

越○越○、愈○愈○（例）越想越乐、越走越远、愈战愈强、愈陷愈深

有○有○（例）有钱有势、有说有笑、有灵有圣、有赏有罚

不○不○（例）不亢不卑、不尴不尬、不大不小、不早不晚

大○大○（例）大吹大擂、大慈大悲、大贤大德、大凶大恶

小○小○（例）小手小脚、小门小户

半○半○（例）半信半疑、半真半假、半推半就、半明半灭

自○自○（例）自吹自擂、自高自大、自私自利、自给自足

一○一○（例）一举一动、一朝一夕、一生一世、一心一意

千○万○（例）千难万难、千妥万妥、千山万水、千真万确

一○半○（例）一男半女、一知半解、一言半语、一丝半缕

在以上各例中，如“又惊又喜”“可敬可爱”“无依无靠”“忽冷忽热”等，实际上已形成四音成语。

四音成语一经发生和形成之后，并不就此定型而不变。有不少成语，可以从它们今昔的不同，看出它们经历的变化。如以下各例，至少在清代，还并未定型，因此反映在《红楼梦》等作品中，音节（或字面）也往往颇有出入：

头昏目晕（《红楼梦》第九十三回）

头晕目眩（《红楼梦》第六回）

能说会道（《儿女英雄传》第二十四回）

能说惯道（《红楼梦》第七十四回）

面红耳热（《红楼梦》第一〇九回）

脸红耳赤（《红楼梦》第十九回）

人多嘴杂（《红楼梦》第三十四回）

人多口杂（《红楼梦》第九回）

百依百顺（《儿女英雄传》第三回）

百依百随（《红楼梦》第六十回）

斩钢截铁（《儿女英雄传》第十七回）

斩钉截铁（《红楼梦》第六十六回）

赌神发誓（《红楼梦》第三十四回）

赌咒发誓（《红楼梦》第七十二回）

斗鸡走马（《红楼梦》第四回）

斗鸡走狗（《红楼梦》第九回）

遂心如意（《红楼梦》第四十六回）

称心如意（《红楼梦》第五十七回）

已经定型的成语，凡是可以分为前后对称的两部分的，又常被后代的作家们颠倒过来使用。例如：

天涯海角（《毛泽东选集》）

海角天涯（《儿女英雄传》第十三回）

粉身碎骨（《儿女英雄传》第二十六回）

碎骨粉身（《儿女英雄传》第九回）

赌咒发誓（《红楼梦》第七十二回）

发誓赌咒（《红楼梦》第五十七回）

闲云野鹤（《红楼梦》第一一二回）

野鹤闲云（《红楼梦》第六十三回）

烈烈轰轰（《红楼梦》第六回）

轰轰烈烈（《毛泽东选集》）

肉跳心惊（《红楼梦》第一〇〇回）

心跳肉惊（《红楼梦》第一〇五回）

死别生离（《儿女英雄传》第三十四回）

生离死别（《红楼梦》第一〇七回）

义正词严（《毛泽东选集》）

词严义正（《儿女英雄传》第五回）

凄凉满目（《红楼梦》第一〇二回）

满目凄凉（《红楼梦》第一〇八回）

从上例中又可看出，前后两部分的颠倒，还不仅限于结构对称的成语，就是像“满目凄凉”那样并不对称的，有时也会被颠倒使用，但为数较少罢了。

还有一种情况是：在《红楼梦》等作品中，有好些四音成语跟我们目前流行的说法、写法不相一致。例如现在我们说“土生土长”，当时人们说“根生土长”（《儿女英雄传》第十五回、《红楼梦》第五十四回）；现在我们说“顺水推舟”，当时人们说“顺水行舟”（《红楼梦》第四回）；现在我们说“倾家荡产”，当时人们说“倾家败产”（《红楼梦》第四十八回）；现在我们说“头破血流”，当时人们说“头破血出”（《红楼梦》第九十三回）；现在我们说“天造地设”，当时人们说“天生地设”（《红楼梦》第五十七回），不胜枚举。

以上这些例子都说明四音成语在形成之后，并不从此定型，而是在人们的口头、笔头上受了长期的修改锻炼之后才逐渐定型的。有些成语在已经定型之后，过了一个时期又被修改，例如“揠苗助长”，今天已被修改为“拔苗助长”，改得很有必要。看来，“半斤八两”这个成语今后也有被改为“半斤五两”的可能。

三、四音成语的结构形式

四音成语的结构有多种多样的形式，有人曾把它分为四种类型：（一）不分上下两截的，（二）分上下两截的，（三）特意增减字数的，（四）由双音节形容词改为重叠式的；并指出第二种类型最有组织规律，它的数量也最多，最有发展前途，为了简便起见，可称之为两截成语。①

这位作者“两截结构的成语最有组织规律，数量也最多，最有发展前途”的看法是颇有见地的。事实上，根据各种结构在全部成语中的比重情况和一般特征来看，最有代表性的，的确是这种两截结构的成语。

那么，这种两截结构是怎样形成的呢？为了说明这一点，似乎应该先考察一下与两截结构有关的并列结构。

并列结构是四音成语的另一种重要的结构形式，有四音逐个并列和双音并列之分。例如：

春夏秋冬　　亭台楼阁　　柴米油盐　　喜怒哀乐

青红皂白　　古今中外　　离合悲欢　　妖魔鬼怪

---

① 朱剑芒：《成语的基本形式及其组织规律的特点》，《中国语文》，1955 年 2 月号。

摸爬滚打	轻重缓急	风云雷电	望闻问切

（以上四音并列）

英雄好汉	贪官污吏	远见卓识	乌烟瘴气
老奸巨猾	铜墙铁壁	孤家寡人	粗心大意
深沟高垒	千方百计	九牛二虎	三头六臂

（以上分两组双音并列）

分两组双音并列的形式，可以认为是由前双音并列、后双音并列等形式发展变化而来的。现在分别举例说明如下：

（一）前双音并列

生死关头	呼吸相通	公私兼顾	祸福与共
轻重倒置	内外夹攻	雅俗共赏	左右开弓
良莠不齐	水火无情	啼笑皆非	黑白分明

（以上加点的是正反双音并列）

青黄不接	坐卧不宁	口齿伶俐	鸦雀无声
骨肉团圆	花雨缤纷	名利双收	骡马成群
形影相吊	风日晴和	风云际会	亲朋满座

（以上加点的是同类双音并列）

(二) 后双音并列

不识好歹	不顾死活	不计成败	不分敌我
自相矛盾	颠倒黑白	无足轻重	搬弄是非
不相往来	调剂有无	互相水火	历尽甘苦

(以上加点的是正反双音并列)

饱经风霜	过眼烟云	满城风雨	不肖子孙
至亲骨肉	锦绣河山	假借名义	不见经传
自投罗网	空中楼阁	虚张声势	平地风波

(以上加点的是同类双音并列)

(三) 首尾双音并列

名副其实	安不忘危	动极思静	乐极生悲
寡不敌众	缓不济急	华而不实	粗中有细
得不偿失	死里逃生	柔能克刚	答非所问

(以上加点的是正反双音并列)

火上加油	言而无信	雪上加霜	风卷残云
锦上添花	魂不附体	日以继夜	文不对题

言不及义　节外生枝　衣不解带　人各有志

（以上加点的是首尾双音并列）

双音并列的形式从前双音并列、后双音并列，发展到首尾双音并列时，并列的双音在形式上已不再紧靠在一起，而是分散至首尾两端了。但是在意义上、实质上，它们还是并列的。这是一个很重要的发展。它的重要性在于并列的双音，从此跳出了形式上必须紧靠在一起的束缚，打开了在一定范围内可以分散配置的新局面，建立了一种又是并列（指内容），又是分散（指外形）的辩证的新关系。

这以后，就又进一步发展到双音的相间并列，即一、三双音并列和二、四双音并列，同时大大地打开了它们的发展前途，产生了许多所谓“两截成语”。例如：

（四）一、三双音并列

天荒地老　前仆后继　外强中干　分进合击

苦尽甘来　左思右想　凶多吉少　横冲直撞

否极泰来　东拼西凑　阳奉阴违　先斩后奏

（以上加点的是正反双音并列）

眉开眼笑　男勤女俭　情投意合　心慈脸软

雷厉风行　心满意足　魂飞魄散　桃红柳绿

兔死狐悲　道听途说　唇亡齿寒　心平气和

（以上加点的是同类双音并列）

（五）二、四双音并列

以德报怨　起死回生　以逸待劳　弄假成真

由表及里　趋吉避凶　兴利除弊　救亡图存

将功折罪　回嗔作喜　抑强扶弱　见利忘义

（以上加点的是正反双音并列）

腾云驾雾　忍饥挨饿　喜闻乐见　生吞活剥

降龙伏虎　斩草除根　深思熟虑　高谈阔论

轻描淡写　能说会道　长吁短叹　大呼小叫

（以上加点的是同类双音并列）

从以上两种形式中可以看出，并列的双音虽然已经分散成为相间的配置，但依然有着一定的结构规律，不是照一、三的奇数顺序排列，就是照二、四的偶数顺序排列。同时由于这两种形式（例如一、三双音并列的“前仆后继”“分进合击”，二、四双音并列的“起死回生”“降龙伏虎”等）都是四个音节两两对称，充分表现了四音成语对称的形式美，所以这一种“两截结构”不如称为“对称结构”，更为贴切。又由于从正反的双音并列发展到同类事物的双音并列，进一步扩大了它们的利用途径，结果就造成了这些成语在全部四音成语中的显著优势。

现在，我们不妨再来看看对称结构的成语在目前发展情况和它的结构规律。

原来，对称结构的成语如以它们的中心词为主体来加以分析，就会发现它们有以名词为中心的、以动词为中心的和以形容词为中心的三种。

以名词为中心的对称结构，由两个各缀有修饰语的名词组成。修饰语有名词，有动词，也有形容词。例如：

金城汤池　　铜墙铁壁　　龙潭虎穴　　萍踪浪迹
竹篱茅舍　　花朝月夕　　油头粉面　　幕天席地
刀山剑树　　狐朋狗友　　童颜鹤发　　海市蜃楼

（以上加点的是中心词，不加点的是名词性修饰语）

有勇无谋　　有口无心　　招兵买马　　发号施令
落花流水　　余钱剩米　　赴汤蹈火　　顶天立地

改朝换代　　倾心吐胆　　偷工减料　　饮水思源

（以上加点的是中心词，不加点的是动词性修饰语）

高山流水　　疾风暴雨　　单兵独马　　真凭实据

粗枝大叶　　土豪劣绅　　丰衣足食　　孤家寡人

英雄好汉　　明效大验　　赤胆忠心　　荒村野店

（以上加点的是中心词，不加点的是形容词性修饰语）

另外，还有一种后缀修饰语的形式，数量也颇不少。例如：

手舞足蹈　　身体力行　　言出法随　　福至心灵

土崩瓦解　　山穷水尽　　妻离子散　　弊绝风清

日暮途穷　　文恬武嬉　　筋疲力尽　　众叛亲离

（以上加点的是中心词，不加点的是动词性后缀修饰语）

兴高采烈　　外强中干　　水深火热　　义正辞严

心平气和　　理直气壮　　面黄肌瘦　　趾高气扬

眼高手低　　根深蒂固　　头重脚轻　　志大才疏

（以上加点的是中心词，不加点的是形容词性后缀修饰语）

凡是一、三双音并列的对称结构，因为中心词的位置往往在前，都采用这一种后缀修饰语的形式。

其次，以动词为中心词的对称结构，修饰语有动词和副词两种。例如：

贪生怕死　好吃懒做　知痛着热　寻死觅活
连说带骂　舍死忘生　分进合击　起死回生
颠来倒去　回嗔作喜　失惊打怪　分崩离析

（以上加点的是中心词，不加点的是动词性修饰语。“颠来倒去”未加点，参看下文说明）

前仆后继　未卜先知　安居乐业　倒行逆施
明知故犯　冷嘲热讽　兼收并蓄　独断专行
佯输诈败　横冲直撞　东拉西扯　胡思乱想

（以上加点的是中心词，不加点的是副词性修饰语）

应该指出的是，前缀动词性修饰语的，中心词的动词往往已含有名词的性质；其中如“寻死觅活”的“死”和“活”，显然已成为“寻”和“觅”的宾语。至于“颠来倒去”，中心词与其说是“来”和“去”，毋宁说是它们前面的动词，它们自身不过是前面中心词的附加语而已。

复次，以形容词为中心词的对称结构，主要的修饰语也有动词和副词两种。例如：

标新立异	推陈出新	居高临下	由浅入深
谨小慎微	去伪存真	取长补短	去粗取精
抽肥补瘦	改邪归正	归真返璞	博古通今

（以上加点的是中心词，不加点的是动词性修饰语）

至高无上	大慈大悲	古圣先贤	十全十美
千奇百怪	一差二错	三长两短	千真万确
七上八下	上和下睦	万紫千红	穷凶极恶

（以上加点的是中心词，不加点的是副词性的修饰语）

用对称结构形式创造出来的成语，形式美，语言效果强，创造也比较容易，因此历代产生的此类成语数量极多，甚至多到有些成语形式上虽然还是这种类型，但就内容含义来看，已经很难认为是双音并列了。例如：

兴妖作怪	日久天长	四分五裂	摩拳擦掌
藏垢纳污	装模作样	千变万化	东张西望
失魂落魄	门当户对	凡夫俗子	养精蓄锐
甜言蜜语	意懒心灰	胡思乱想	远走高飞

上列每个成语，其中前两个音节的意义，也就是后两个音节的意义。如果只就内容来看，总有两个音节是多余的。例如“兴妖作怪”，其中“兴妖”就等于“作怪”，意义完全相同，只留前一半或后一半就可以了，这是一方面。另一方面，我们知道意义重复，在积极方面却有加强语势的好处；因此，如果删去了重复的部分，那就会大大减弱语言的效果。所以尽管“兴妖”等于“作怪”，但它们还是全部需要，不能随便删除一部分。

上述类型的成语还有一个特点，那就是，因为它们在形式上可以分为两个对等的部分，所以常被人把这两部分颠倒过来使用（上文已有述及）。但其实这个类型的成语有不少因为并列的两种事物在意义上有一定的先后顺序，不能随便颠倒，使用时应加注意。例如：

亡羊补牢	分进合击	开门揖盗	声东击西
等米下锅	得陇望蜀	临阵磨枪	画蛇添足
助纣为虐	斩草除根	推陈出新	水到渠成

“亡羊补牢”是“亡羊”在先，“补牢”在后；“分进合击”是“分进”在先，“合击”在后。其余各例，也都有一定的

先后，如果随便颠倒使用，往往会发生问题。例如“临阵磨枪”，如改为“磨枪临阵”，就跟原意恰好相反了。

四、四音成语的内容特色

四音成语为什么有今天那样大量的发展？为什么会像今天那样在各种文章和谈话中到处活跃？其原因，除了在于它们形式上具有独特的优点，还在于它们的内容上也具有很多特色。

首先，这跟它们具有强大的说明和描写能力有关。

说明和描写是谈话和写作的主要艺术手段。单就写作来说，不但文艺作品需要说明和描写，就是别种文体的文章，也同样需要说明和描写。不但如此，而且在后一种场合中，往往由于篇幅等的限制，不容许人们像写文艺作品那样，作深入细致的叙述和刻画。在需要说明或描写而只能使用少数语言或文字的情况下，人们就会很自然地想到利用成语。因为正是这些成语能够很好地完成这样的任务。原来四音成语虽然只有四个音节，但是含义丰富，具有十分强大的说明或描写的能力，往往抵得上整句整段的语言或文字。四音成语的特色之一，就在于它们这种短小精悍而同时却能表达一般语文一整句甚至一整段的意义。

例如毛主席在《湖南农民运动考察报告》的结束时写道："……嘴里天天说'唤起民众'，民众起来了又害怕得要死，这和'叶公好龙'有什么两样？"

在这段文章里，毛主席就使用了"叶公好龙"这一个四音成语，把当时蒋介石、张静江之流的真相充分揭露出来了。按刘向《新序》述"叶公好龙"的故事时，说叶公见了真龙，吓得魂飞魄散。因此，他接着说："是叶公非好龙也，好夫似龙而非龙者也。"当时蒋、张之流，也视民众为真龙，并不想真正"唤起"他们，所谓"唤起民众"，不过是利用这个口号，作为自己冒充革命者的招牌罢了。在这里，如果不使用"叶公好龙"的成语，要说明这层意思，就绝非少数字句所能办到的。

类似"叶公好龙"的成语，由于它们本身包含着丰富的故事性内容，如果运用恰当，就能达到以少数音节（文字）表达丰富含义的目的。而这一种故事性的成语，在汉语中经过几千年来长期的积累，数量非常之多。随便举些例子：

拔苗助长　　画蛇添足　　亡羊补牢　　守株待兔

夸父追日	愚公移山	负荆请罪	卧薪尝胆
破釜沉舟	滥竽充数	刻舟求剑	买椟还珠
指鹿为马	狡兔三窟	阳春白雪	得陇望蜀

四音成语内容方面的第二个特色是善于具体生动地说明或描写事物。这种特色，实际上包括三种能力：一是善于用具体的事物说明抽象的东西，又善于抓住事物的特征，加以扼要的说明；二是有强大的比喻能力；三是善于用对照的方法来进行说明或描写,以获得充分的语言效果。

先说第一种能力。例如有人擅长待人接物，常用“一团和气”这个成语。“和气”本来是比较抽象的东西，但加上“一团”，就被具体化了。又如说有人脸上堆起笑容，常用“笑容可掬”这个成语。“笑容”是一种表情，也是比较抽象的东西，现在加上“可掬”，也被具体化了。“爱”是发自内心的抽象行为，但“爱不释手”就很具体；“恨”也是发自内心的抽象行为，而“恨入骨髓”又很具体了。

同时，四音成语又善于简单扼要地说明各种事物的性质。例如：“帝国主义貌似强大，实际上十分腐朽反动，日益靠近了它自掘的坟墓，并没有什么力量，因之我们说它是‘外强中干’。”这“外强中干”的成语就非常扼要地说明它的真正性质。

其次，四音成语的比喻能力是非常突出的。一些常用的四音成语，几乎都能起强大的比喻作用。上文说的“叶公好龙”，就是一个很好的例子。

比喻有明喻，有隐喻。明喻的四音成语，其中常含有“如”“似”“若”“然”等音节（文字）。例如：

如鱼得水　　如日方升　　如获至宝　　如梦初醒

如丧考妣　　如坐针毡　　如花美眷　　如鸟兽散

泪如雨下　　面如满月　　安如泰山　　凛如霜雪

似水流年　　视若无睹　　守身如玉　　安之若素

置若罔闻　　如胶似漆　　恍然大悟　　欣然色喜

隐喻的成语，其数量之多，则更惊人。几乎可以说，一般的四音成语，十有八九具有隐喻的能力。它们虽然并不含“如”“似”等音节，却含有显然是比喻的成分；有的连比喻的成分也不明显，但在实际使用时，同样起着比喻的作用。例如：

虎头蛇尾　　狐群狗党　　口蜜腹剑　　百孔千疮

指桑骂槐	斩草除根	闭门造车	对牛弹琴
一盘散沙	一臂之力	赴汤蹈火	弱不胜衣
萍水相逢	井底之蛙	雕虫小技	识途老马

以上是含有比较明显的比喻成分的例子。又如：

一针见血	一网打尽	日暮途穷	过眼烟云
拖泥带水	转弯抹角	借刀杀人	对症下药
百战百胜	一唱一和	斩钉截铁	空中楼阁

以上各例，实际上也经常用于比喻。

由于四音成语一般都用作比喻，于是结果就产生这样一种情况：虽然比喻的同被比喻的二者未必完全一致，但因为大家都知道四音成语经常用于比喻，因此只要主要的部分双方能够一致，就认为已经尽了比喻的能事；即使有所谓“跛足”（比拟不当）的地方，也认为不能过度要求。这是四音成语的又一特色。

同样的道理，有许多四音成语，虽不免说得有些夸大，但人们也能了然于它们的意义所在，不致因词害意，发生误解。这样的例子很多。例如：

一目十行	千愁万恨	一日三秋	万箭钻心
一败涂地	千叮万嘱	罪该万死	粉身碎骨
削足适履	弱不胜衣	魂飞天外	望风披靡
恨入骨髓	罪恶滔天	羊肠小径	秋毫无犯

“一目十行”的“十”，无非极言其多，未必真是不折不扣的十行。“千愁万恨”的“千”和“万”，也无非极言其多，未必真是千种之愁，万种之恨。其余各例，也都如此。

复次，四音成语的第三特色是善于利用对立物或同类事物先后并列的形式，在内容意义上进行对照比较。这种特色根据它们的结构形式来看，有下列四种类型：

（一）**前双音并列对照**　即第一、二音节并列对照。这种类型因为将并列的双音放在整个成语的前头，具有强烈的对照效果。例如“生死关头”，是指非活即死的关口；这里将“生”与“死”并列，就起了一种强烈的对照比较作用，使人感到这一关的重要。又如“进退两难”，把“进”和“退”一起并列，说明“进”固不能，“退”也不易，在一正一反强烈的对照之下，几乎等于说走投无路，也把严重的程度充分说明出来了。又如“休戚相关”，把“休”和“戚”并列，说明那是“祸福”问题以指出二者关系之密切；“悲喜交集”，将“悲”与“喜”并列，说明两种相反的感觉同时产生（内心感觉复杂）。又如“内外夹攻”，说明里应外合受到不只一方的进攻；“玉石俱焚”，说明不论好赖同归于尽，语言的效果都十分强烈。

（二）**后双音并列对照**　即第三、四音节并列对照。这一类型与第一种类型的不同之处在于并列的双音放在整个成语的后面。这时并列的双音应该念成重音，方能充分产生对照效果。例如“自相矛盾”，用一矛一盾的并列对照，说明一件事物的两个部分不能同时并存。“互相水火”，比喻两种对等的事物互相对攻，各不相让。“不识好歹”和“不顾死活”，用“好”与“歹”、“死”与“活”说明不顾一切，但后者的程度更比前者为重。凡此都通过并列对照来强调要说明的意义。

（三）**首尾双音并列对照**　即第一、四音节并列对照。这种类型因将并列的二者放在整个成语的首尾部分，对照的效果也很强大。例如“入不敷出”，利用“入”与“出”的并列，强调支出超过收入；“得不偿失”，利用“得”与“失”的并列，强调所得不及所入；“寡不敌众”，利用“寡”与“众”的并列，说明敌对的双方力量悬殊；“缓不济急”，利用“缓”与“急”的并列，说明时间条件大有问题，无济于事。以上这些例子，都靠首尾双音的并列对照而充分发挥了语言效果。

（四）**前后两组双音并列对照**　包括第一、三音节并列对照及第二、四音节并列对照两种。凡属这个类型的并列对照，大多数成语因前双音部分和后双音部分在结构上形成对称，对照的效果特别显得强烈。例如“死去活来”和“阳奉阴违”，都是以第一、第三音节为中心语的并列对照，其中“死”与“活”、“阳”与“阴”都是一正一反的并列对照，同时“去”与“来”、“奉”与“违”也是一正一反的并列对照。在这两对并列对照中，虽然一对是主要的，另一对是次要的，但次要的一对却能帮助主要的一对的语势，从而增强整个成语的对照效果。又如“见利忘义”和“赴汤蹈火”，是以第二、第四音节为中心语的并列对照，其中“利”与“义”、“汤”与“火”是一正一反的并列对照，“见”与“忘”、“赴”与“蹈”虽不是一正一反，也都不失为对称的部分，足以增强整个成语的对照效果。这样看来，上述各种并列对照的类型，自然以最后一种对称式的、前后两组双音并列的类型最有力量。因此，这一类型的成语数量现在也特别多。

四音成语的最后一个特色是丰富多彩。由于四音成语的数量之多，所以十分丰富多彩，足能说明和描写多方面的事物及其性质、情况，甚至能够深入细致地触及极小的地方。

在这里，我们要说明丰富多彩的特色，当然不可能把全部四音成语都罗列出来，只能举一些例子来加以说明。

例如，就“欢乐”来说，至少有下列这些四音成语，能供给我们说明和描写的需要：

欢欣鼓舞	手舞足蹈	欢天喜地	眉开眼笑
笑逐颜开	喜形于色	喜眉笑眼	笑容可掬
破涕为笑	心情舒畅	兴高采烈	大喜过望
大快人心	心花怒放	心满意足	得意扬扬
称心满意	沾沾自喜	怡然自得	扬眉吐气
乐不可支	雀跃三百	欢声雷动	逸兴遄飞

又如就事物发展（生长）、前进的声势来说，至少有下列这些四音成语能说明和描写各种不同的情况：

欣欣向荣	方兴未艾	热火朝天	排山倒海
如火如荼	惊天动地	火上加油	遮天压地
浩浩荡荡	雨后春笋	压倒一切	雷霆万钧

蓬蓬勃勃　　山鸣谷应　　轰轰烈烈　　热气腾腾

就“忧愁”来说，至少有下列这些四音成语：

郁郁不乐　　长吁短叹　　书空咄咄　　愁眉不展
左右为难　　垂头丧气　　心灰意懒　　唉声叹气
忧心如焚　　一筹莫展　　愁肠百结　　度日如年

就“愚蠢”来说，至少有下列这些成语：

拔苗助长　　掩耳盗铃　　刻舟求剑　　授人以柄
胶柱鼓瑟　　买椟还珠　　饮鸩止渴　　守株待兔
负薪救火　　蚍蜉撼树　　缘木求鱼　　乐不思蜀
螳螂捕蝉　　讳疾忌医　　削足适履　　与虎谋皮

以上所举的例子，如果再做个别的比较，又都是同中有异，各有它特殊的含义和用途。足见其丰富多彩，实为世界各国语言所仅见。

再就它们的结构形式来看，往往同一形式，就有不止一个的成语。例如就人的态度来说，单是用“○头○脑”

这一形式来表现的，至少有：

笨头笨脑　　呆头呆脑　　傻头傻脑　　憨头憨脑
瘟头瘟脑　　没头没脑　　鬼头鬼脑　　滑头滑脑

行动方面，用“○手○脚”的形式来表现的，至少有：

蹑手蹑脚　　大手大脚　　小手小脚　　碍手碍脚
动手动脚　　缩手缩脚　　束手束脚　　笨手笨脚

有不少四音成语具有一定的褒贬性，这就更加强了它们丰富的色彩。这种褒贬性在语文中出现的时候，常跟使用者的立场有密切的关系。例如“光明磊落”，绝不用于说明敌人方面；“逍遥法外”，绝不用于说明自己方面。有些成语，褒贬的性质古今已经不同，也应该注意。例如“天花乱坠”本来是褒，现在却倒了过来常用于贬了。

正是因为部分成语具有严格的褒贬性，如果一旦误用，就会造成很大的笑话。吴廉铭在他的《中华成语辞典》（中华书局版）的《赘言》中说：

正是“一·二八”上海炮火连天的时期，有一位住在闸北离战区很近的某先生——一个很发达的小学校里的教员——当战事方酣时，忽然闲情逸致地写了一封信给住在沪西的同事，其中有一句话是：“我色胆如天，居然住此不去。”

显然，这位教师不但不知道“色胆如天”的褒贬性，而且连它的本义也不懂，才会闹出这样的笑话。

五、小　结

综上所述，我们认为四音成语的主要结构形式是双音并列结构。这种结构有多种不同的类型，其中第一、三双音并列和第二、四双音并列，因结构关系而形成两两对称，具有一种特殊的形式美，也可以称为对称结构。

对称结构的并列双音，从一正一反发展到同类事物的并列之后，大大开拓了它们的发展范围，数量因而大增。

对称结构的成语，因为形式上可分为前后两个对等的部分，常被人们把前后两部分颠倒过来使用。但其实有些成语的前后两部分有一定的先后顺序，是不能随便颠倒使用的。

四音成语在内容方面具有三种特点：

（一）在短小精悍的形式中，包含着丰富的意义。特别是一些故事性的成语，往往四个音节抵得上一整句甚至一整段的语文。

（二）善于具体生动地说明或描写事物，又善于扼要地说明各种事物的特征。善于比喻，又善于作对照比较的说明。

（三）十分丰富多彩，因而能深入细致地说明和描写各种事物，收到刻画入微的效果。

总之，四音成语的确具有活泼生动、丰富多彩的特点。活泼是由于它短小精悍，到处可用；生动是由于它能具体地说明和描写事物；丰富表现于数量之大，多彩表现于性质变化之多。这种情况，在各种外国语中是很难看到的。

沐绍良

一九六五年遗稿

后 记

《语文课外活动丰收记》这本书完稿58年后，居然有机会出版奉献在小同学们面前，实在是出乎意料的事。该书的作者沐绍良，会让现在很多人感到非常陌生。但是，在20世纪30年代，一本名叫《读和写》的小书，曾在当时的小学生群体间不胫而走，多次再版，对提高他们的中文写作水平有很大帮助。甚至一直到了今天，仍然被多次重版，依旧广受好评，这实在不是一件容易做到的事。而《读和写》的作者，也正是我的父亲沐绍良先生。

这本《语文课外活动丰收记》，就其创作形式和内容来讲，可称为《读和写》的续集。如果把写文章比作盖房子，那《读和写》就是确定所盖房屋的类型并规划图纸。《语文课外活动丰收记》一书的内容，则是详细讲解行文造句所涉及的各种词类的结构和使用方法，如同挑选搭建房屋所需的砖头、瓦块、地板等建材，并在盖房时对这些建材的使用进行把关，借此来保障房屋搭建后的质量。可以说，掌握了这两本书内容的小同学们，基本上可以做到在作文一事上虽不中亦不远矣。

让小同学们倍感亲切的是，这本汉语语法辅导读物，也和《读和写》一样，采用了故事体的体裁，寓教于乐，方便小同学们轻松掌握这些写作的知识和基本规律，让我们可以准确地表达自己的所见所想。

然而，这样一本对学习写作有很大辅导作用的书，却时隔近一甲子才迟迟和读者初次见面，这实在是非常令人遗憾的。

沐绍良先生 1912 年出生于浙江慈溪。自幼家境贫寒，但在高小时，便有幸遇到几位在文学史上出色的名师，如柔石、冯雪峰、应修人等。他们当时正参与组织“湖畔诗社”，热衷于写诗、写小说。因为得到身边老师们言传身教的启蒙，年仅 12 岁的沐绍良也开始尝试给报刊投稿，以稿酬贴补学费。中学期间他又曾受教于夏丏尊、许杰等名师。

虽然沐绍良的写作生涯开始极早，并取得了不错的成绩，但贫寒的家境限制了他进一步深造。再赶上政局动荡，他最终不得不高中肄业，开始了自己的人生苦旅。

沐绍良的第一份工作就是当小学老师，他虽非师范专科出身，但为期不长的教学实践却给学生们留下了深刻印象。直到20世纪90年代，还有当年的学生撰文回忆他当时的教学事迹。这一是得益于诸位贤师的培养，二是因他自己的聪慧好学。80多年前出版面世的《读和写》，正是他与学生们那一段教学相长经历的结晶。起初以“读写故事”为题，在《中国儿童时报》上连载，由于现身说法，深入浅出，形式新颖，内容有很大的亲和力，广受小同学们喜爱，以致连载的报纸订数竟为此增加了千余之多。而后，定名为《读和写》，并由叶圣陶先生作序，于1936年12月在上海开明书店出版单行本，后接连在1940—1959年、2014—2022年多次再版，成为一本畅销数十年的学生写作教辅读物。

解放初期，当时在上海商务印书馆任职的沐绍良因工作需要，被调往北京商务印书馆编审部。他克服诸多困难，举家从上海迁至北京后，却在一系列政治运动的裹挟下，离开自己所擅长的出版行业，转往政府机关部门工作。此后，他仍然在工作之余伏案写作，完成了《语文课外活动丰收记》《试论汉语四音成语》《汉语词汇发展规律的发现》《淡水养鱼》等文稿，并打算有机会把这些文稿重新修改后发表。可惜的是，这个机会他却一直没有等到。

在这些遗稿中，这本《语文课外活动丰收记》，是他凭着对当年任教的经历难以忘怀的感情和亟欲奉献自己所能的热忱，再鼓余勇，在1964年完成的。1949年前，他曾连续创作出版过《怎样指导儿童写作》《写作基础读本》《写作指引》等多本辅导学生写作的读物。在时过境迁后，在新时代的新环境下，他依然有许多心得想分享给小同学们，希望他们能够提高写作能力，以适应社会的需要。正如他在《怎样指导儿童写作》一书中坦陈的：

目前青年儿童们写作能力的低落，已成为一种极普遍极严重的现象……因此有不少关心青年前途的人，觉得这种现象的造成，应归咎于中学的国文教学，是中学国文教师的责任。其实青年们写作能力的低落，中学里的国文教师固应负责，小学里的国文教师尤应负大部分的责任。因为这许多青年们，当其在儿童时代时，根本未曾获得写作的基础能力，甚至连标点符号也不能正确使用，则在进入中学之后，又怎能希望他们写作通顺的文章呢？

但是，令人遗憾的是，这份书稿完成后被压在箱底，一直没有面世的机会。在一个个接连不断的政治运动中，沐绍良先生著书育人的美好愿望在冰冷的现实面前并没有机会实现，直到他1969年辞世，这些书稿才在整理遗物时得以发现。

如今，西苑出版社有意将这一系列辅导读物结集出版，此次共有《读和写》《怎样指导儿童写作》《写作指引》《语文课外活动丰收记》4 本，这对于我早逝的父亲沐绍良先生是一件可堪告慰的幸事，特在此感谢西苑出版社大力襄助的成人之美。唯独不甚圆满的是，《写作基础读本》（上海新纪元出版社 1948 年 4 月初版）一书因一直无法找到原书，只好在此次出版中暂付缺如。但据我了解，此书在世间尚有留存。恳请有幸保有此书者，能提供资料予我，以便得以重版，使文集成为完璧，特此预先感谢。

当然，此书完稿时间距今过于久远，不可避免地带有一些不合时宜的时代烙印，有些例句与当今时代亦有脱节，小同学们阅读起来可能会有一些不明就里。但为了尽可能地保持作品原貌，对原稿只做了适度的修改，敬请读者谅解。或许这些当年的例句，亦可作为珍稀的史料，让小读者们感受一下那个并不遥远的时代的氛围吧。

谨以此书作为儿童节献礼，希望小读者们喜欢。

沐定胜

2023 年 6 月 1 日

文章在案，春风入怀

——“如沐春风作文课”编后记

沐绍良（1912—1969），原名沐赓祚，浙江慈谿县城孝中镇（今宁波市江北区慈城镇）人。

沐绍良先生曾经撰文回忆自己幼年的读书经历，六岁开蒙，受过私塾和学校两种教育。在私塾读书时，他虽然还不知道读书的方法，但能记住老师教课文时的“声音”，背书很快，被老师称作“神童”。可是，“因为课本读完得太快，竟意外地引起了父亲的烦恼。那时候家境清寒，要买新书，在父亲似觉不胜负担。”[①] 所以，在宁波四中读书时，沐绍良的“大部分学费是靠自己向《学生杂志》《儿童世界》《少年杂志》等刊物投稿得来的稿费弥补的”[②]。宁波四中盛行

① 沐绍良:《神童诗和“神童”——儿时印象琐记之一》,《宁波人》,1946 年，第 4 期，第 17 页。

② 张介人:《现代作家、翻译家、编辑家沐绍良》,《古镇慈城》(合订本)，2011 年，第 21 期，第 12—13 页。

民主，原校长、近代教育家经亨颐先生倡导人格教育，还聘请夏丏尊、朱自清、许杰等至该校任教，民主与自由的浓厚氛围绵延赓续，沐绍良进入该校就读后，在此接受了新文化、新思想的熏陶，他要求进步，积极地参加了中国共产主义青年团，后因参加革命活动遭受追捕，被迫离开家乡。

19 岁的沐绍良自浙江上虞春晖中学肄业后，来到浙江省镇海县灵山小学，当起了一名小学教师。年幼的周大风曾在他的班上就读。多年后，已成为著名音乐理论家、作曲家的周大风，对他的“小先生”沐绍良仍津津乐道——沐绍良不仅指导他们编演幻想短剧《火星人》，还为他们讲解物理、生物等知识。广泛的知识面，不拘一格的教学形式，以及年轻朝气的状态，让沐绍良在学生中颇受欢迎。在此期间，沐绍良摸索教育方法，自学教育理论，还自修日文。他或许还未曾想到，这些出于兴趣的学习活动，为他日后从事儿童文学写作和翻译自然科学作品奠定了牢固基础。

1933 年，应春晖高中时的业师夏丏尊先生的邀请，年轻的沐绍良至上海开明书店工作。这一阶段，沐绍良以“读写故事”为题，在《中国儿童时报》上连载指导儿童写作的文章。他列举写作的二十四个要点，以故事的形式讲授阅读与写作的方法。这些文章刊载后，好评如潮。1936 年

12月，“读写故事”系列文章被结集成册，定名为《读和写》，由开明书店出版。在《读和写》的自序里，沐绍良感慨地说到，他的创作源自“过去数年小学教师生活的旧梦”，他对此“恋恋不能忘情”。

1936年，沐绍良以自修的日语考入上海商务印书馆，担任编译员，从事日文图书的翻译与编辑工作。他参与翻译《世界各国之食粮政策》(日本农林省米谷局编，商务印书馆1937年3月出版)，独立翻译了《中国北部之药草》(石户谷勉著，商务印书馆1946年2月出版)。

沐绍良先生在自然科学作品的翻译上卓有成就：

1936年至1937年，沐绍良编译了《植物图谱》《鸟类图谱》《昆虫图谱》《观赏植物图谱》《鱼类图谱》，被收录在王云五、周建人主编的“中学生自然研究丛书”中。王云五主编的“万有文库”，收录了沐绍良翻译的《医学史话》(石川光昭著，商务印书馆1937年6月出版)、《动物哲学》(拉马克著，商务印书馆1937年3月出版)；“汉译世界名著丛书”收录了沐绍良翻译的《大陆移动论》(惠格纳著，商务印书馆1937年6月出版)，系该书首次在中国面世。在王云五、苏继庼主编“地理学丛书”时，还收录了沐绍良翻译的《人口地理学》(石桥五郎著，商务印书馆1938年

4月出版）。

著名翻译家李俍民先生也曾受教于沐绍良。《鹿童泪》是李俍民翻译的第一部小说。本书亦名《鹿苑长春》，是美国女作家罗琳斯创作的长篇小说，曾于1939年获得普利策奖。然而，李俍民译出此书后，却被众多出版社拒之门外。沐绍良读完李俍民的译文后写下序言："我不禁对本书的原著者和译者，引起了同样的钦佩和敬意。"在沐绍良的热心引荐下，1948年，《鹿童泪》终由新纪元出版社出版。李俍民从此正式走上翻译之路，译成《牛虻》《斯巴达克斯》等脍炙人口的作品。

从事翻译之余，沐绍良先生坚持为儿童写作。在《新儿童世界》《中学生》《开明少年》《学生杂志》《春晖学生》等报刊上发表了数十篇谈写作、谈教育、谈人生的文章，既有议论文，也有童话故事。1948年2月，沐绍良的《怎样指导儿童写作》由商务印书馆出版，并被列入"民国教育文库"。沐绍良认为，儿童青少年写作能力的高低与语文教师的教育指导密切相关，尤其是小学里的语文教师，更要在小学时代使儿童的写作基本能力得到养成和健全。他在书中给予教师细致的写作教学指导，并结合儿童写作中常出现的问题，分析了儿童心理、问题成因及切实可行的解决方法。

沐绍良先生的爱人方健明，曾以“林淑华”之名发表了自传体小说《生死恋》。在张爱玲、林徽因、冰心、苏雪林等一众民国女性作家中，“林淑华”也因为这本追寻纯真爱情理想的《生死恋》而格外耀眼。1949年8月，沐绍良、方健明合著了《写作指引》，在大成出版社印行。两位作者具有丰富的写作经验，因此在《写作指引》中，他们以青年们的写作通病为对象，以青年们能实践、能接受的写作方法为材料，并提出：“文章的材料要从现实中去选取。取得的材料，应该再加以剪裁和合理的发展，一定要加工以后，才可能把它写入文章。”

20世纪50年代后，沐绍良调至北京商务印书馆工作。一家人后移居德胜门附近的三不老胡同。北岛先生的随笔集《城门开》中，有一节讲述“三不老胡同1号”，曾提及沐家。沐绍良因为长年病弱和政治风波，于1969年去世。

沐绍良的幼子沐定胜先生现也年逾古稀。2022年秋，在得知西苑出版社有意为其父作品集成文集时，将父亲的遗作手稿，写于1964年的《语文课外活动丰收记》交予出版社。这本十万余言的小书，沐绍良用清秀的笔迹，整洁地写在方格稿纸上。本书讲解行文造句所涉及的各种词类的结构和使用方法。全书所述的，主要是名词、动词和形容词的构词法（也谈到代词和数量词）。除了这些实词，还扼要地介绍了关系词等虚词，但有意识地避开不提“虚词”等青少年们不易理解的术语。为了引起青少年们阅读的兴趣，作者再次采用故事体的形式来表达，其主要目的并不在于提供一个动人的故事，而是利用故事的形式说明汉语语文的规律和有关的知识，堪称《读和写》的续集。

《读和写》《写作指引》问世后已经被多次重版，《怎样指导儿童写作》自初版后尚未经重版；而《语文课外活动丰收记》更是在书箱中静候了近一个甲子,终得首次整理问世。书中的“陈老师”“梁先生”“学文”“觉明”等人物，或许就是六七十年前的沐绍良和他教过的那些学生，或许也是今天的语文教师和对写作感到茫然、无从下笔的你我。沐绍良是从生活经验里讲文法、谈写作，因此不免有深刻的时代文化烙印，也脱离不了当时的语言环境。为了便于今天的小读者们读懂和接受，也为了适应现在的语文教学及考试要求，我们对文本做了适度的修改，文本中的错讹漏衍之处皆已径改。那些今天读来不明就里，以及不应与现代汉语语法相出入的文字，我们将其保留在原稿中，作为沐绍良先生亲友和那个时代的珍藏与纪念。

“沐”,《说文解字》释为“濯发也”。《康熙字典》释有“润泽之意”,“溟沐,细密之雨也”。此姓,此文,总让人联想起《论语·先进》:“莫春者,春服既成,冠者五六人,童子六七人,浴乎沂,风乎舞雩,咏而归。”据周大风先生回忆:“沐绍良先生还常带我们到附近农村去,且会在实地见闻中讲起各种知识。”因此,当《读和写》《写作指引》《怎样指导儿童写作》《语文课外活动丰收记》重聚时,我们决定以“如沐春风作文课”为此套丛书命名,并请沐定胜先生为每本书题签,以成文风延续之美。

在文字的春意里,漫山花朵绚烂,“等闲识得东风面,万紫千红总是春”;河岸垂柳摇曳,“沾衣欲湿杏花雨,吹面不寒杨柳风”;一江春水微澜,“春水碧于天,画船听雨眠”;檐下燕子衔泥,“无可奈何花落去,似曾相识燕归来”。“如沐春风作文课”,正是让写作如同春风般和暖,以唤起文字的勃勃生机。

桃李春风,皆是案头文章。

樊 颖

2023 年 6 月 1 日

于和平街 11 区 37 号楼